Felix Lerch

Big Data Analytics
und Vertriebscontrolling

Neue Erkenntnisse für den Vertrieb

I

Impressum:

Copyright © Studylab 2019

Ein Imprint der GRIN Publishing GmbH, München

Druck und Bindung: Books on Demand GmbH, Norderstedt, Germany

Coverbild: GRIN Publishing GmbH | Freepik.com | Flaticon.com | ei8htz

Abstract

Die vorliegende Masterarbeit beschäftigt sich mit Big Data Analytics und deren Anwendung im Vertriebscontrolling. Dabei handelt es sich um Verfahren, die in der Lage sind, große Datenbestände heterogener Struktur mit einer hohen Geschwindigkeit zu verarbeiten. Diesen wird insbesondere für das Controlling ein hohes Potenzial zugesprochen, welches sich in Teilen auch schon in der Praxis bestätigt hat. Obwohl dass das Vertriebscontrolling als eines der prädestinierten Anwendungsfelder angesehen wird, finden sich nur wenige wissenschaftliche Beiträge dazu. Vor allem Ausführungen zu möglichen Folgeerscheinungen, die ein Einsatz von Big Data Analytics für den Bereich des Vertriebscontrollings mit sich bringen kann, lassen sich kaum finden oder bleiben eher oberflächlich.

Aus diesem Grund verfolgt die Arbeit das Ziel aufzuzeigen, welche konkreten Auswirkungen der Einsatz von Big Data Analytics für Vertrieb und zugehöriges Controlling hat. Somit soll zu einem besseren Verständnis für dieses noch relativ junge und nicht tiefergehend erforschte Themengebiet geschaffen werden. Dabei soll insbesondere auch geklärt werden, inwiefern sich die Aufgaben und damit auch die benötigten Kompetenzen für den Vertriebscontroller wandeln. Ebenso wird die Frage nach den Auswirkungen auf den Vertrieb und das dazugehörige Kundenbeziehungsmanagement beantwortet. Da im Rahmen der Arbeit nicht alle Aspekte ausführlich diskutiert werden können, sollen Forschungslücken für ein zukünftig verständlicheres Bild identifiziert werden. Auf diese Weise sollen Handlungsoptionen für weitere Forschungsvorhaben aufgezeigt werden.

Im Rahmen der Arbeit zeigt sich, dass das Controlling dem Vertrieb Informationen mit gesteigerter Qualität und Granularität, etwa in Form von Kundensegmentierungen, zur Verfügung stellen kann. Mit Verwendung dieser Ergebnisse profitiert der Vertrieb durch ein verbessertes Kundenbindungs- und Kundenrückgewinnungsmanagement. Zudem wird der Vertriebscontroller verstärkt dazu gefordert und befähigt, die Rolle des Business Partners zu übernehmen. In der Folge muss dieser seine Kompetenzen in unterschiedlicher Hinsicht erweitern. Als zukünftige Forschungsfelder im Vertriebscontrolling verbunden mit Big Data Analytics können die Anwendung im Bereich der Vertriebskontrolle und das Reporting-Design ermittelt werden. Ebenso stellen die Ermittlung der Erfolgswirkung und die Entwicklung der Controller-Rolle über den Business Partner hinaus relevante Forschungsbereiche dar. Somit bietet dieses Themengebiet noch viel Raum für weitere Untersuchungen, um ein vollumfängliches Bild der Auswirkungen von Big Data Analytics auf den Bereich des Vertriebscontrollings zu erlangen.

Inhaltsverzeichnis

Abbildungsverzeichnis

Abkürzungsverzeichnis

Customer Relationship Management-Ansatz	CRM-Ansatz
Business Intelligence-Anwendungen	BI-Anwendungen
Online Analytical Processing	OLAP
Sales Intelligence	SI
Customer Intelligence	CI
Enterprise Resource Planning-Systeme	ERP-Systeme
Supply Chain Management-Systeme	SCM-Systeme
Online Analytical Processing	OLAP
Hadoop Distributed Filesystem	HDFS
Relationale Datenbank Systeme	RDBMS
Not Only SQL-Datenbanken	NoSQL-Datenbanken
Kundenumsatzwert	KUW
Entwicklungswert	EW
Cross-Selling-Wert	CSW

1 Einleitung

1.1 Problemstellung

Das Umfeld, in dem Unternehmen heutzutage operieren, wird zunehmend vielschichtiger und komplexer. Dies gilt insbesondere auch für die kundennahen Bereiche Marketing und Vertrieb. Dabei macht sich die gestiegene Komplexität etwa bei der mittlerweile breiten Palette an unterschiedlichen Absatzwegen und der gestiegenen Menge an kundenbezogenen Daten, die mit einer hohen Geschwindigkeit übertragen werden, bemerkbar.[1] Der Vertrieb galt in diesem Kontext bis dato als einer der Unternehmensbereiche, in dem große Datenmengen generiert und gespeichert, jedoch nur in vergleichsweise geringem Umfang ausgewertet und damit nutzbar gemacht wurden.[2] In Zeiten von Big Data, welches neben Themen wie „mobile Geräte", „Cloud Computing" und „Internet der Dinge" zu den aktuell viel diskutierten Themen der Digitalisierung zählt,[3] rückt die Nutzung dieser Daten verstärkt in den Fokus. Dies spiegelt sich zudem auch in einem gestiegenen Anspruchsdenken in Form von optimierten Vertriebsergebnissen wieder.[4]

Die Verarbeitung und Interpretation von Daten ist seit jeher ein Aufgabenbereich des Controllings. Somit bietet Big Data mit den dazu gehörigen Analyseverfahren eine Möglichkeit, dem Controlling einen Mehrwert bei der Entscheidungsunterstützung des Managements zu liefern.[5] Der Blick in die Unternehmenspraxis zeigt jedoch, dass der Nutzungsgrad von Big Data Analytics im Controlling in weiten Teilen als gering einzustufen ist.[6] Auf der anderen Seite befinden sich Unternehmen, welche die neuen Auswertungsmöglichkeiten bereits nutzen, zumeist noch in der frühen Phase der Anwendung.[7] Ein ähnliches Bild liefert die wissenschaftlich-theoretische Auseinandersetzung mit Big Data. So hat die Forschung, insbesondere in angesehenen wissenschaftlichen Fachzeitschriften, bislang eine verhältnismäßig

---

[1]   Vgl. Willmes et al. (2015), S. 258 f.

[2]   Vgl. Pufahl (2014), S. 179.

[3]   Vgl. Cseh/Marx (2016), S. 356.

[4]   Vgl. Krämer/Tachilzik (2016), S. 81.

[5]   Vgl. Kieninger et al. (2016), S. 241.

[6]   Vgl. Egle/Keimer (2018), S. 64; Gadatsch (2016), S. 64.

[7]   Vgl. Seufert (2014), S. 35.

geringe Anzahl an Beiträgen hervorgebracht, die sich aus der Sicht des bereichsspezifischen Controllings intensiv mit dem Thema beschäftigen.[8]

Die vorhandenen Beiträge sehen jedoch Chancen der Weiterentwicklung für das Controlling.[9] Obwohl auch insbesondere dem Vertriebscontrolling Potenziale bei der Anwendung von Big Data Analytics zugesprochen werden,[10] kratzt die Betrachtung in diesem Bereich teilweise nur an der Oberfläche. Die Beiträge in der wissenschaftlichen Literatur beziehen sich verstärkt auf das Controlling als solches und betrachten weniger einzelne Funktionsbereiche wie das Vertriebscontrolling. Ist dies doch der Fall, so geschieht dies meist überblicksartig oder nur zu ausgewählten Einzelaspekten, sodass sich ein wenig konkretes Bild über die Auswirkungen von Big Data Analytics im Vertriebscontrolling und damit auch auf den gesamten Vertriebsbereich ergibt.

1.2 Zielsetzung und Vorgehensweise

Ausgehend von der im vorangegangenen Unterkapitel dargelegten Ausgangsituation soll das Zusammenspiel von Big Data Analytics und Vertriebscontrolling im Rahmen dieser Arbeit näher beleuchtet werden. Ziel dieser Arbeit ist es aufzuzeigen, welche konkreten Auswirkungen der Einsatz von Big Data Analytics für Vertrieb und Vertriebscontrolling haben kann. Dabei soll mit Hilfe einer Betrachtung ausgewählter Instrumente des Vertriebscontrollings dargelegt werden, welche Effekte die neuen Analyseverfahren auf das vertriebsspezifische Controlling haben. Neben dem Controlling aus funktionaler und instrumenteller Sicht, richtet sich der Fokus hierbei insbesondere auch auf die Arbeit des Vertriebscontrollers. Fragen nach den Auswirkungen für den Bereich des Vertriebscontrollings sollen geklärt werden, vor allem inwiefern der Vertriebsbereich durch die neuen Erkenntnisse profitiert und wie sich diese für den vom Vertrieb verfolgten Customer Relationship Management-Ansatz (CRM-Ansatz) nutzen lassen.

In Ergänzung dazu zielt die Arbeit darauf ab, die verwendete wissenschaftliche Literatur auf konkrete Forschungslücken im Bereich des Vertriebscontrollings im Zusammenhang mit Big Data Analytics zu untersuchen. Relevante Bereiche, in denen sich teilweise oder gar vollständig ungeklärte Fragen auftun, sollen identifiziert

---

[8] Vgl. Gärtner/Hiebl (2018), S. 169.

[9] Vgl. Losbichler/Gänßlen (2018), S. 37.

[10] Vgl. Willmes et al. (2015), S. 258.

und benannt werden. Weiterhin können auch Aspekte dazuzählen, bei denen in naher Zukunft Entwicklungen erwartet werden, bei denen eine genauere Betrachtung im Hinblick auf Veränderungen durch die Nutzung von Big Data Analytics lohnenswert erscheint. Soweit möglich werden in diesem Schritt zusätzlich Handlungsempfehlungen für die zukünftige Forschung abgeleitet. Somit verfolgt die Arbeit den Anspruch, ein klareres Verständnis für die Auswirkungen von Big Data Analytics im Bereich des Vertriebs sowie des dazugehörigen Controllings zu schaffen und somit das eingangs beschriebene Defizit zu reduzieren.

Um die zuvor gesteckten Ziele zu erreichen und deren Zustandekommen nachvollziehbar darzustellen, gliedert sich die Arbeit wie folgt: im nächsten Kapitel wird die aus betriebswirtschaftlicher Sicht gesehene Grundlage für die späteren Überlegungen und Ausführungen gelegt. Dabei wird besonders auf die Herausforderungen des Vertriebs eingegangen. Darüber hinaus werden die Aufgaben und Ziele des Vertriebscontrollings dargestellt. Im dritten Kapitel schließt sich daran der Teil an, welcher ein Verständnis für Big Data und die damit verbundenen Teilbereiche schaffen soll. Nachdem zunächst darauf eingegangen wird, was sich hinter dem Begriff Big Data verbirgt, werden im Anschluss daran die dazugehörigen Analyseverfahren vorgestellt. Zusätzlich werden wesentliche Unterschiede zu Business Intelligence-Anwendungen (BI-Anwendungen) sowie allgemeine betriebliche Einsatz potenziale erläutert, wodurch dann eine Überleitung zum Hauptteil der Arbeit stattfindet.

Im ersten Unterpunkt des vierten Kapitels werden fünf wesentliche Anwendungsfelder von Big Data Analytics im Vertriebscontrolling im Detail vorgestellt. Aufbauend auf diesen möglichen Optionen für die Nutzung der Analyseverfahren, werden im nächsten Schritt die Auswirkungen auf das vertriebliche Controlling aufgezeigt. Dabei wird unter anderem herausgearbeitet, inwiefern und in welchen vorrangigen Bereichen sich Effektivitäts- und Effizienzgewinne realisieren lassen. Ebenso findet eine Betrachtung der Effekte durch die Verwendung der Analyseergebnisse auf den Vertrieb statt. Dies erfolgt unter Berücksichtigung der im zweiten Kapitel thematisierten vertrieblichen Herausforderungen. Somit kann gezeigt werden, in welcher Form der Vertrieb diesen mit Hilfe eines verbesserten Customer Relationship Managements begegnen kann.

Das fünfte Kapitel knüpft an die Betrachtung der Auswirkungen auf das Vertriebscontrolling an und konzentriert sich insbesondere auf die Arbeit und Rolle des Controllers. Es wird sowohl die Zusammenarbeit mit dem Data Scientist als auch die mit Mitarbeitern der Vertriebsabteilung in Person des

Vertriebsmanagements betrachtet. Dabei werden die mit dem Einsatz von Big Data Analytics neuen Aufgaben und damit verbundenen Herausforderungen sowie dafür möglicherweise notwendige Entwicklungen der Kompetenzen herausgearbeitet. Bezugnehmend auf die Ausführungen der vorangegangenen Kapitel werden im sechsten Kapitel Forschungslücken und mögliche interessante Schwerpunkte für die Zukunft diskutiert. Die Arbeitet endet mit einer Schlussbetrachtung in der die wesentlichen Ergebnisse noch einmal zusammengefasst werden.

2 Vertrieb und Vertriebscontrolling

Das folgende Kapitel zeigt auf, mit welchen Herausforderungen der Vertrieb beim Erreichen seiner Ziele und der Umsetzung der dafür nötigen Maßnahmen in einer digitalisierten Unternehmenswelt konfrontiert ist. Darüber hinaus wird dargelegt, in welcher Form und mit welchen Mitteln das dazugehörige Controlling dem Vertrieb zur Seite steht und beim Erreichen seiner Ziele unterstützt.

2.1 Vertrieb – Schnittstelle zum Kunden

2.1.1 Ziele und Aufgaben des Vertriebs

Der Vertrieb ist dafür verantwortlich die Produkte und Dienstleistungen eines Unternehmens am Markt abzusetzen und somit die betriebliche Leistungserstellung zu monetarisieren. Damit gilt der Vertrieb in vielen Unternehmen als strategischer Erfolgsfaktor.[11] Aufgrund des direkten Kontakts zum Endkunden wird der Vertrieb mitunter auch als primäre Schnittstelle oder Brücke des Unternehmens zum Kunden bzw. zum Markt bezeichnet.[12] Dabei wird aus der funktionellen Sichtweise der Vertrieb als die Gesamtheit der vertriebspolitischen Maßnahmen verstanden. Es handelt sich um Maßnahmen, welche darauf abzielen Verkaufsabschlüsse bei Bestandskunden oder potentiellen Kunden zu generieren. Andererseits stellt der Vertrieb aus einer institutionellen Sichtweise eine organisatorische Einheit im Unternehmen dar, deren Zusammensetzung aus den Mitarbeitern der Verkaufsabteilung besteht.[13]

Aus der Verantwortung des Vertriebs, die von der Unternehmensführung gesteckten Absatz- und Umsatzziele zu erreichen, ergibt sich die Grundfunktion des Vertriebs, welche der Verkauf von Produkten und Dienstleistungen ist.[14] Betrachtet man den Leistungsaustausch zwischen Unternehmen und Kunden als einzigen Aufgabenbereich, ist dies jedoch zu kurz gegriffen. Der Aufgabenbereich des modernen Vertriebs erstreckt sich zusätzlich zum Verkauf über weitere vor- und nachgelagerte Prozesse. Dies sind im Vorfeld insbesondere die Suche und Auswahl von geeigneten Kunden, die Kontaktaufnahme sowie die Angebotserstellung.

---

[11] Vgl. Dannenberg/Zupancic (2009), S. 2.

[12] Vgl. Krügerke (2009), S. 23; Witt (1996), S. 7; Winkelmann (2012), S. 19.

[13] Vgl. Hesse/Evanschitzky (2005), S. 72; Nieschlag et al. (2002), S. 884.

[14] Vgl. Winkelmann (2013), S. 287; Winkelmann (2012), S. 22.

Anschließend an den Kaufabschluss obliegt es dem Vertrieb, darüber hinaus geeignete, auf den Kunden zugeschnittene Nachbetreuungs- und Weiterentwicklungs-Maßnahmen durchzuführen. Bei diesen Aufgaben wird der Vertrieb auch durch die Arbeit des Marketings unterstützt.[15]

Die Nähe zum Kunden ist einer der Gründe für die hohe Bedeutung und Aufmerksamkeit, die dem Vertrieb beigemessen wird. Empirische Studien haben ergeben, dass die Kaufentscheidung eines Kunden mitunter oft zu einem Großteil von der Kommunikation und Interaktion mit dem Vertrieb abhängt.[16] Ein weiterer Einflussfaktor für die Bedeutung des Vertriebs ist, dass er ein großes Leistungssteigerungspotenzial besitzt und in der Lage ist, signifikante Wettbewerbsvorteile zu generieren.[17]

2.1.2 Entwicklungen und Herausforderungen im Vertrieb

Wie auch in vielen anderen Unternehmensbereichen haben sich in den vergangenen Jahren auch im Vertrieb und dessen Umfeld einige Veränderungen aufgetan, welche die Arbeit und Schwerpunktsetzung nachhaltig verändert haben. Um dies zu verstehen, lohnt es sich einen Blick auf die Entwicklung des Vertriebs zu werfen.

Vor noch nicht allzu langer Zeit sahen die Märkte noch anders aus als wir sie heute kennen. Eine relativ gesehen geringe Anzahl an Unternehmen steht einer großen Anzahl an Kunden gegenüber. Die Unternehmen können im sogenannten Verkäufermarkt aufgrund ihrer besseren Position gegenüber der Kundschaft die Produkte und Dienstleistungen sowie deren Preise vorgeben.[18] Während dieser Zeit agiert der Vertrieb mit alleinigem Fokus auf den Verkauf. Diese Evolutionsstufe des Vertriebs, die primär durch Umsatz- und Kurzfristdenken geprägt ist, wird auch als Rattenjagd-Vertrieb (Hard Selling) bezeichnet.[19] Doch diese aus Sicht der Unternehmen attraktive Marktsituation ändert sich zunehmend. Mehr und mehr Unternehmen drängen auf den Markt, was spürbare Auswirkungen hat. Der Kunde kann nicht nur zwischen einer größeren Anzahl an Anbietern wählen, sondern findet nun auch eine größere Produktvielfalt vor, was sich in einer steigenden

---

15   Vgl. Winkelmann (2012), S. 22 f.

16   Vgl. Lips/Horváth (2016), S. 507 f.

17   Vgl. Dannenberg/Zupancic (2009), S. 2-4.

18   Vgl. Pufahl (2014), S. 5.

19   Vgl. Winkelmann (2012), S. 199.

Marktmacht der Kundschaft widerspiegelt. Der Verkäufermarkt wandelt sich in Richtung eines Endkundenmarktes.[20] Im Laufe dieser Umbrüche entwickelt sich der methodengestützte Vertrieb, der dahingehend weiterentwickelt ist, dass er den Kunden und seine Bedürfnisse mehr in den Mittelpunkt der Vertriebsaktivitäten rückt.[21] In Ergänzung dazu kommen erste Vertriebssteuerungssysteme zum Einsatz, welche die Arbeit im Vertrieb erleichtern sollen.[22]

Insbesondere im neuen Jahrtausend nehmen diese Prozesse durch die fortschreitende Digitalisierung sowie die Internationalisierung der Märkte weiter zu und halten bis heute an. Auf der Marktseite muss der Vertrieb mit einer gestiegenen Marktkomplexität in Verbindung mit einer zunehmenden Erwartungshaltung der Kunden umgehen.[23] Die Produkte werden hinsichtlich ihrer Qualität und ihres Preises immer weiter austauschbar, so dass die Unternehmen mit einer vermehrten Abwanderung von Kunden zu kämpfen haben.[24] Zudem werden seitens der Unternehmensführung unterschiedliche Forderungen an den Vertrieb herangetragen. Einerseits sind dies Forderungen nach Effizienzsteigerungen. Hier sieht man in einigen Bereichen ein hohes Maß an nicht ausgeschöpften Potenzialen. Andererseits fordert die Unternehmensführung vom Vertrieb, die Kostenseite stärker in den Fokus zu nehmen, da diese im Vergleich zu anderen Unternehmensbereichen relativ hoch ist.[25] In Zuge dessen hat sich der systemgestützte Vertrieb im Sinne eines integrierten CRM-Ansatzes unter Zuhilfenahme von modernen IT-Anwendungen entwickelt.[26][27]

---

[20] Vgl. Pufahl (2014), S. 5.

[21] Vgl. Winkelmann (2012), S. 199.

[22] Vgl. Luck (2016), S. 569.

[23] Vgl. Weber et al. (2009), S. 12.

[24] Vgl. Hippner/Wilde (2005), S. 465.

[25] Vgl. Dannenberg/Zupancic (2009), S. 2; Weber et al. (2009), S. 12.

[26] Vgl. Winkelmann (2012), S. 199.

[27] Es finden sich mitunter auch Beiträge, die CRM als Synonym für CRM-Systeme verwenden (vgl. Hippner (2006), S. 17). Im Rahmen dieser Arbeit werden die beiden Begriffe jedoch getrennt voneinander betrachtet.

2.1.3 Customer Relationship Management als zentraler Ansatz im Vertrieb

Das Customer Relationship Management bezeichnet eine unternehmensweite Philosophie, bei welcher der Kunde mit seinen Wünschen und Bedürfnissen im Fokus steht.[28] Im Rahmen dieser Philosophie liegt das Hauptaugenmerk auf dem Kundenwert, welcher aus Unternehmenssicht maximiert werden soll.[29] Die Basis des Customer Relationship Managements stellt der Kundenbeziehungs-Lebenszyklus dar. Man geht davon aus, dass die Kundenbeziehung in unterschiedlichen Phasen durchlaufen wird und das Customer Relationship Management somit als Prozess verstanden werden kann. Dabei werden drei wesentliche Phasen und sich daraus ergebende Management-Aufgaben unterschieden. Dies sind das Kundenakquisitionsmanagement in der Pre-Sales-Phase, das Kundenbindungsmanagement und in der After-Sales-Phase das Kundenrückgewinnungsmanagement. Der Vertrieb muss somit dafür Sorge tragen, durch geeignete Maßnahmen den Kundenbeziehungs-Lebenszyklus langfristig auszudehnen.[30] Im Rahmen des Kundenakquisitionsmanagements soll die Voraussetzung für die Realisierung einer Geschäftsbeziehung mit dem potenziellen Kunden geschaffen werden. Dafür ist es erforderlich, geeignete Kundengruppen zu identifizieren und diese entsprechenden Segmenten zuzuordnen.[31] Das Kundenbindungsmanagement soll hingegen sicherstellen, dass die aktuellen Kundenbeziehungen gefestigt und im besten Fall ausgebaut werden (Up-/Cross-Selling).[32] Darüber hinaus hat das Churn Managements zum Ziel, abwanderungsgefährdete Kunden zu identifizieren und geeignete Gegenmaßnahmen einzuleiten.[33] Für jene Kunden, die dennoch die Geschäftsbeziehungen beenden, soll im Rahmen des Kundenrückgewinnungsmanagements eine Strategie für eine Verlängerung des Kunden-Lebenszyklus zu entwickeln. Dafür werden potenzielle geeignete Kandidaten und deren Abwanderungsgründe analysiert sowie Maßnahmen zur Wiederbelebung der Beziehung entwickelt.[34]

Um die oben beschriebenen Kundenmanagement-Aufgaben wahrnehmen zu können, bedarf es in der heutigen Zeit der informationstechnologischen

---

[28] Vgl. Biesel/Hame (2018), S. 162; Winkelmann (2013), S. 323.

[29] Vgl. Cornelsen (2000), S. 38 f.

[30] Vgl. Hofbauer/Hellwig (2016), S. 43; Stauss (2002), S. 22-24.

[31] Vgl. Hofbauer/Schöpfel (2010), S. 34-37.

[32] Vgl. Bruhn (2006), S. 515.

[33] Vgl. Stauss (2011), S. 334 f.

[34] Vgl. Schöler (2011), S. 504-511.

Unterstützung. Eine Möglichkeit ist der Einsatz eines CRM-Systems. Dies besteht aus drei unterschiedlichen Komponenten – das operative CRM, das kooperative CRM und das analytische CRM. Das analytische CRM bildet die Basis für die beiden anderen Komponenten dadurch, dass es Ergebnisse von unterschiedlichsten Auswertungen zur Verfügung stellt.[35] Da das analytische CRM oftmals im Vertriebscontrolling zum Einsatz kommt,[36] wird dieser Teil des CRM-Systems in Kapitel 2.3.4 näher betrachtet. Das operative CRM setzt auf einer operativen Kundendatenbank auf und ist an weitere betriebliche Informationssysteme angebunden. Es schließt insbesondere Marketing, Vertrieb und Service mit ein, also jene Bereiche, die im direkten Kundenkontakt stehen.[37] Dadurch bietet es die Möglichkeit, die Mitarbeiter bei Aufgaben wie beispielsweise der Termin- und Routenplanung oder der Erstellung von kundenspezifischen Angeboten zu unterstützen und somit Qualitäts- und Effizienzsteigerungen bei Vertriebstätigkeiten zu erzielen.[38] Das kooperative CRM hingegen unterstützt den Vertrieb, indem es Anwendungen zur Koordination und Integration der Vertriebskanäle bereitstellt. Damit verbessert es das Zusammenspiel zwischen Vertrieb und Vertriebspartnern.[39]

Die einzelnen Komponenten der CRM-Systeme zeichnen sich durch eine Kombination von quantitativen und qualitativen Daten aus.[40] Zudem sind CRM-Systeme in der Lage, unterschiedliche Anwendungen aus allen kundennahen Bereichen zu vereinen und somit einen umfassenden Blick auf den Kunden zu ermöglichen.[41] Insgesamt bietet das CRM-System die Möglichkeit, die anwachsenden Datenmengen auf Basis von BI-Anwendungen beherrschbar und nutzbar zu machen, um somit die Erhöhung des Kundenwertes und der Kundenbindung zu erreichen.[42]

---

[35] Vgl. Grabner-Kräuter/Schwarz-Musch (2006), S. 185.

[36] Vgl. Winkelmann (2012), S. 256.

[37] Vgl. Hippner et al. (2006), S. 48.

[38] Vgl. Bruhn (2002), S. 114; Grabner-Kräuter/Schwarz-Musch (2006), S. 185.

[39] Vgl. Winkelmann (2013), S. 326.

[40] Vgl. Winkelmann (2012), S. 415.

[41] Vgl. Hippner et al. (2006), S. 47.

[42] Vgl. Biesel/Hame (2018), S. 162; Lips/Horváth (2016), S. 504.

2.2 Vertriebscontrolling – Synthese aus Vertrieb und Controlling

2.2.1 Funktionale Perspektive

Neben anderen Formen des funktionsspezifischen Controllings, wie dem Produktionscontrolling oder dem Personalcontrolling, gibt es auch ein dem Vertriebsbereich zugeordnetes Controlling, das Vertriebscontrolling.[43] Das Vertriebscontrolling kann dabei als Teilbereich des Marketingcontrollings inmitten des Unternehmenscontrollings angesehen werden.[44] Bedingt durch die organisatorische Abgrenzung von Marketing und Vertrieb findet man in der Praxis häufig separate Verantwortlichkeiten für das Vertriebscontrolling vor.[45] Ohne eine inhaltliche Nähe zum Marketingcontrolling auszuklammern, kann das Vertriebscontrolling folglich als eigenständige Funktion betrachtet werden.[46]

In den letzten Jahren gewinnt das Vertriebscontrolling für den Vertrieb verstärkt an Bedeutung. Es hilft dabei, mit den in den vorherigen Abschnitten beschriebenen komplexen Herausforderungen im Vertriebsumfeld umzugehen.[47] Darüber hinaus bietet es die Möglichkeit, die teilweise immer noch präsente Umsatzorientierung sowie die verbesserungswürdige Erfassung und Analyse von Vertriebsdaten zu adressieren.[48] Dabei zielt das Vertriebscontrolling insbesondere darauf ab, die vertrieblichen Prozesse prognostizierbar zu machen, die Vertriebskosten zu minimieren sowie Effizienzsteigerungen zu realisieren.[49]

Aus diesen Zielsetzungen lassen sich unterschiedliche Aufgaben für das Vertriebscontrolling ableiten. Dies sind Informationsversorgungs-, Vertriebsplanungs-, Vertriebskontroll- und Beratungsaufgaben.[50] Im Rahmen der Informationsversorgung wird das Vertriebscontrolling in zweierlei Hinsicht aktiv. Auf der einen Seite werden den Mitarbeitern im Außendienst Informationen im Hinblick auf den Verkaufsprozess zur Verfügung gestellt. Auf der anderen Seite erhält das

---

[43]   In der Literatur werden zum Teil auch die Begriffe Verkaufscontrolling oder Distributionscontrolling verwendet (vgl. Reinecke/Janz (2007), S. 319).

[44]   Vgl. Ehrmann (2002), S. 867; Duderstadt (2006), S. 31.

[45]   Vgl. Diller (2001), S. 1804.

[46]   Vgl. Deglow (2003), S. 49 f.

[47]   Vgl. Pufahl (2003), S. 339.

[48]   Vgl. Reichmann et al. (2017), S. 488.

[49]   Vgl. Kühnapfel (2013), S. 37.

[50]   Vgl. Lips/Horváth (2016), S. 509.

Vertriebsmanagement eine entscheidungsrelevante Informationsgrundlage für die kundenorientierte Vertriebssteuerung.[51] Dabei sollen die Informationen derart verdichtet werden, dass Unter- und Oberziele aufeinander abgestimmt werden können.[52] Für die Aufstellung und Koordinierung der Vertriebsziele ist im Voraus zunächst eine entsprechende Planung notwendig. Hier liefert das Vertriebscontrolling durch unterstützende und koordinierende Tätigkeiten einen Mehrwert für das Vertriebsmanagement.[53] Der Fokus liegt dabei auf Umsatz- und Absatzplanungen, welche die Basis für weitere Entscheidungen, auch in anderen Unternehmensbereichen, darstellen. Jedoch hat eine Planung der Vertriebsziele und –maßnahmen nur einen begrenzten Mehrwert, wenn diese nicht einer regelmäßigen Kontrolle unterzogen werden.[54] Aus diesem Grund gehören auch kontrollierende Tätigkeiten zum Aufgabenbereich des Vertriebscontrollings. Die Aufdeckung und Analyse von Abweichungen zwischen Plan- und Ist-Zustand lässt gegebenenfalls Rückschlüsse auf deren Ursachen zu und ermöglicht somit, entsprechende Gegensteuerungsmaßnahmen zu definieren.[55] Im Rahmen der Beratungsfunktion kann das Vertriebscontrolling dann, auf Basis der in den vorherig beschriebenen Aufgaben gewonnen Erkenntnisse, das Vertriebsmanagement bei der Entscheidungsfindung unterstützen.[56]

Neben den zuvor beschriebenen Aufgabenbereichen unterscheidet man zudem die Ausrichtung des Vertriebscontrollings, welche operativer oder strategischer Natur sein kann. Der Fokus des operativen Vertriebscontrollings liegt in der Optimierung der kurz- bis mittelfristigen Vertriebseffizienz. Dabei spielt primär die Betrachtung von vergangenheitsbasierten, quantitativen Größen eine Rolle, mit deren Hilfe die Steuerung und Koordination der gegenwärtigen Vertriebsmaßnahmen verbessert werden soll.[57] Das strategische Vertriebscontrolling zielt hingegen darauf ab, einen langfristigen Erfolg der Vertriebsaktivitäten sicherzustellen. Um dies zu erreichen, sollen mögliche Risiken im Vertriebsumfeld entdeckt und minimiert, sowie

---

[51] Vgl. Reichmann et al. (2017), S. 489.

[52] Vgl. Becker (2001), S. 8.

[53] Vgl. Krügerke (2009), S. 25.

[54] Vgl. Vollmuth (2002), S. 49-51.

[55] Vgl. Hofbauer/Hellwig (2017), S. 339.

[56] Vgl. Lips/Horváth (2016), S. 509.

[57] Vgl. Duderstadt (2006), S. 34 f.

zukünftige Erfolgspotenziale identifiziert und nutzbar gemacht werden.[58] Im Vergleich zum operativen Vertriebscontrolling spielen in diesem Zusammenhang auch vermehrt externe, qualitative Informationen eine Rolle.[59]

2.2.2 Instrumentelle Perspektive

Um die zuvor beschriebenen Aufgaben wahrnehmen zu können, bedient sich das Vertriebscontrolling einer Reihe von unterschiedlichen Controlling-Instrumenten. Im klassischen Vertriebscontrolling werden schwerpunktmäßig Wirtschaftlichkeitsuntersuchungen angewandt.[60] Es geht um die Identifizierung und Kontrolle der Kosten- und Erfolgsbeiträge einzelner Vertriebsaktivitäten und –objekte. Die Auswertungen erfolgen in Form von Deckungsbeitragsrechnungen und Abweichungsanalysen.[61] Meistens haben diese einen operativen Charakter, zielen also auf die Analyse der gegenwärtigen Situation ab.[62] Ungeachtet einer kurz- oder langfristigen Ausrichtung ist es möglich unterschiedliche Ebenen auszuwerten. Denkbar sind beispielsweise die Betrachtung der Kunden-, Produkt-, oder Vertriebsebene. Die Ergebnisse können dann im Anschluss durch das Vertriebsmanagement bei der Allokation der Vertriebsressourcen genutzt werden. So ist es dadurch unteranderem möglich, die Vertriebsmaßnahmen effizienter zu gestalten.[63] In diesem Sinne werden auch die Ergebnisse des Sales Forecasts verwendet, welcher zu den Instrumenten des Vertriebscontrollings gezählt wird. Auch hier sollen mittels Abweichungsanalysen jene Entwicklungen identifiziert werden, welche die prognostizierten Umsatzziele gefährden.[64]

Ein Faktor für die Erreichung dieser Umsatzziele sind die Außendienstmitarbeitersteuerung und das Außendienstberichtswesen. Ziel der Außendienstmitarbeitersteuerung ist es, durch ein Provisions- und Entlohnungssystem geeignete Anreize für die Umsatzgenerierung durch die Mitarbeiter zu setzen. Damit dies gelingt, werden diese durch entsprechende kundenrelevante Informationen im Rahmen des Außendienstberichtswesens versorgt. Dies soll gewährleisten, dass ein auf den

---

[58] Vgl. Hofbauer/Bergmann (2013), S. 73-75.

[59] Vgl. Becker (2001), S. 36.

[60] Vgl. Lips/Horváth (2016), S. 509.

[61] Vgl. Ehrmann (2002), S. 878-882.

[62] Vgl. Kühnapfel (2017), S. 92.

[63] Vgl. Link/Weiser (2011), S. 338 f.

[64] Vgl. Winkelmann (2012), S. 690.

Kunden zugeschnittener Verkaufsprozess realisiert wird.[65] Bei den zur Verfügung gestellten Informationen kann es sich um eine Reihe von Erkenntnissen aus unterschiedlichen Kundenanalysen handeln. Die Kundensegmentierung teilt Kunden gemäß zuvor definierter Merkmale in Gruppen ein. Solche Merkmale können das Zahlungsverhalten oder das Kundenpotenzial sein.[66] Das Kundenpotenzial ergibt sich wiederum aus einer Kundenpotenzialanalyse, anhand derer einer Gegenüberstellung von aktuellem und prognostiziertem zukünftigem Verkaufserfolg erfolgt.[67] Darüber hinaus werden auch Kundenzufriedenheits-, Kundenabwanderungs- und Kundenwertanalysen sowie Kaufwahrscheinlichkeitsprognosen angewandt, um Vertriebsressourcen einteilen und Vertriebspotenziale bestmöglich nutzen zu können.[68]

Für die übersichtliche Darstellung und die Verdeutlichung von Zielbeziehungen werden Ergebnisse der zuvor beschriebenen Analysen in Form von Kennzahlen verdichtet. Dies soll für eine Transparenz der Analyseergebnisse sorgen.[69] Da der Informationsgehalt bei der Betrachtung von einzelnen Kennzahlen limitiert ist, werden diese in einem Vertriebskennzahlensystem zusammengefasst. Die Kombination von in einer Beziehung zueinander stehenden Kennzahlen erhöht somit die Aussagekraft.[70] Eine mögliche Form eines Kennzahlensystems im Vertrieb ist die Balanced Scorecard. Diese ist in die vier Bereiche Finanzen, Kunden, Prozesse und Mitarbeiter unterteilt.[71] Sie verbindet die Ergebnisse der operativen Analyse mit strategischen Merkmalen und hilft dadurch, mögliche Abweichungen frühzeitig zu erkennen.[72]

2.2.3 Institutionelle Perspektive

Die Aufgaben des Vertriebscontrollings, welche am Anfang des Kapitels skizziert wurden, können von unterschiedlichen Mitarbeitern übernommen werden. In kleinen Unternehmen ist es durchaus üblich, dass der Vertriebsmanager oder ein

---

[65] Vgl. Reichmann (2017), S. 495-498.
[66] Vgl. Dannenberg/Zupancic (2008), S. 84-88.
[67] Vgl. Helmke (2002), S. 119-123.
[68] Vgl. Heberer (2004), S. 185; Deking/Meier (2000), S. 251.
[69] Vgl. Link/Weiser (2011), S. 339.
[70] Vgl. Palloks-Kahlen (2006), S. 288.
[71] Vgl. Hofbauer/Hellwig (2016), S. 352.
[72] Vgl. Becker (2001), S. 383.

anderer Mitarbeiter aus der Vertriebsabteilung diese Aufgaben übernimmt.[73] Die Ausübung der Controllingaktivitäten durch den Vertrieb ist jedoch nur solange sinnvoll, wie die Vertriebsabteilung nicht zu groß und die Aufgabenbereiche damit zu umfangreich sind. Ab diesem Punkt, wenn die internen Ressourcen für ein adäquates Controlling der Vertriebstätigkeiten nicht mehr ausreichen, ist diese Aufgabe somit an einen Vertriebscontroller zu delegieren.[74]

In diesem Moment stellt sich die Frage nach der organisatorischen Eingliederung des Vertriebscontrollers. Dabei sind drei unterschiedliche Szenarien denkbar: Ein zentraler Vertriebscontroller, ein dezentraler Vertriebscontroller und ein externer Vertriebscontroller, wobei die letzte Variante hier nicht ausführlicher betrachtet werden soll. Für die Variante des zentralen Vertriebscontrollers, welcher im Unternehmenscontrolling angesiedelt ist, werden die Vorteile in der Objektivität gesehen, die diese Variante mit sich bringt. Man geht davon aus, dass der Vertriebscontroller durch die Distanz zum Vertrieb eine ausreichende Unabhängigkeit bewahrt und nicht in „Bereichsdenken" verfällt. Diese Argumentation gilt umgekehrt für den dezentralen Vertriebscontroller, welcher möglichweise manchmal selbst zu sehr im operativen Geschäft involviert ist, um seine Aufgaben unvoreingenommen wahrzunehmen. Jedoch wird insbesondere die dezentrale Eingliederung des Vertriebscontrollers als erstrebenswert erachtet. Begründet wird dies mit der sich daraus ergebenden Möglichkeit, in direkter Nähe zum Tagesgeschäft ein umfassendes Wissen über vertriebliche Prozesse aufzubauen. Dadurch ist der Vertriebscontroller in der Lage, die Mitarbeiter der Vertriebsabteilung besser zu unterstützen.[75] In der Praxis kann man hingegen in vielen Fällen den gegenteiligen Ansatz beobachten, dass der Vertriebscontroller dem Unternehmenscontrolling und nicht dem Vertrieb zugeordnet ist.[76]

Neben der organisatorischen Eingliederung ist für die Arbeit des Vertriebscontrollers darüber hinaus interessant, mit welchem Rollenverständnis er seine Aufgaben wahrnimmt. In diesem Zusammenhang wurde in den vergangenen Jahren in der wissenschaftlichen Literatur ein Wandel der Rolle des Controllers skizziert. Angefangen über den Controller als Zahlenlieferant wurden mehrere

---

[73] Vgl. Krügerke (2009), S. 23.

[74] Vgl. Kühnapfel (2017), S. 8.

[75] Vgl. Pufahl (2003), S. 341.

[76] Vgl. Kühnapfel (2013), S. 43; Duderstadt (2006), S. 198.

Entwicklungsstufen bis hin zum Controller als Business Partner gezeichnet. Dieses Bild des Controllers mit einer ausgeprägten strategischen und unterstützenden Komponente hat sich mittlerweile in weiten Teilen der Literatur etabliert.[77] Die Realität in der Praxis bestätigt dieses Bild hingegen nicht vollumfänglich. Dort ist zwar ein großer Teil der Controller der Auffassung, dass sie bereits die Rolle des Business Partners ausüben. In Wirklichkeit ist seitens der Controller jedoch weiterhin eine ausgeprägte Vergangenheitsorientierung in Verbindung mit einer begrenzten Einflussnahme auf das Vertriebsmanagement erkennbar.[78] Darüber hinaus lässt sich noch immer beobachten, dass der Vertrieb den Vertriebscontroller als „Zahlenknecht" im Rahmen des Informationsversorgungsprozesses ansieht, sodass dieser bisweilen gar nicht in der Lage ist, als vollwertiger Business Partner für das Vertriebsmanagement zu agieren.[79]

So oder so ist es für den Vertriebscontroller nicht immer einfach sich zu behaupten, da der Vertrieb sich nicht selten durch diesen in seiner Arbeit eingeschränkt sieht. Dies kann in Extremfällen zu einer Abwehrhaltung sowie der Zurückhaltung von Informationen gegenüber dem Vertriebscontroller führen.[80] Ein Grund dafür ist, dass die Arbeit und Ergebnisse des Vertriebs durch die Maßnahmen des Vertriebscontrollers transparent gemacht werden. Infolgedessen befürchten die Vertriebsmitarbeiter negative Auswirkungen auf ihre verhältnismäßig freie und unabhängige Arbeitsweise.[81] Da der Vertriebscontroller für seine Tätigkeit auf die Unterstützung des Vertriebs angewiesen ist, gilt es dafür Sorge zu tragen, dass er als Aufgabenträger des Controllings akzeptiert wird. Dabei sind seine Fähigkeiten und Kompetenzen, die er in diese Rolle miteinbringt, von entscheidender Bedeutung.[82] Neben grundlegendem Wissen in den Gebieten Controlling, Statistik und Finanzmathematik sollte der Vertriebscontroller auch den Umgang mit den gängigen Softwareprogrammen (*SAP*, *SPSS*, *Excel* etc.) beherrschen.[83] Zusätzlich dazu sind auch Kenntnisse über die Kunden und Märkte des Unternehmens für die tägliche Arbeit

---

[77] Vgl. Seefried et al. (2015), S. 559.

[78] Vgl. Goretzki/Weber (2012), S. 23; Schulte/Bülchmann (2016), S. 57.

[79] Vgl. Schulte-Oversohl (2014), S. 226.

[80] Vgl. Winkelmann (2013), S. 120; Schögel/Arndt (2008), S. 195.

[81] Vgl. Dannenberg (1997), S. 29.

[82] Vgl. Hünerberg (2017), S. 346 f.

[83] Vgl. Kühnapfel (2013), S. 39.

notwendig.[84] Im besten Fall komplementieren sich die primär vertriebsseitigen Kenntnisse des Vertriebsmanagers mit denen des Vertriebscontrollers, sodass die Basis für eine intensive Zusammenarbeit entsteht.[85]

2.2.4 DV-Unterstützung im Vertriebscontrolling

Um die Aufgaben wahrnehmen und die Instrumente nutzen zu können, bedarf es einer geeigneten informationstechnologischen Unterstützung für das Vertriebscontrolling. Wie bereits im ersten Abschnitt des zweiten Kapitels erwähnt, wird hierfür häufig die analytische Komponente des CRM-Systems eingesetzt. Das analytische CRM dient dabei insbesondere zur Aggregation, Speicherung und Analyse der in den Marketing- und Vertriebsprozessen generierten Daten.[86] Damit verfolgt die dritte Komponente des CRM-Systems das Ziel, Kundenwissen zu erlangen und dieses derart zu nutzen, dass Umsatzzuwächse und Kostensenkungen realisiert werden können.[87]

Das Data Warehouse, in dem die Daten für die unterschiedlichen Auswertungen bereitgehalten und konsolidiert werden, bildet die Basis des analytischen CRM. Dabei sorgt eine kohärente Organisation der Datenbestände dafür, dass diese weiterverarbeitet werden können.[88] Für die eigentliche Datenanalyse kommen klassische BI-Verfahren zum Einsatz.[89] Dies sind insbesondere das Online Analytical Processing (OLAP) und das Data Mining.[90] Mit Hilfe dieser Verfahren können durch den Vertriebscontroller beispielsweise Kundenanalysen in Form von Kundensegmentierungen oder Kundenwertanalysen, aber auch vertriebliche Wirtschaftlichkeitsuntersuchungen sowie Umsatzprognosen durchgeführt werden.[91]

Mögliche Ergebnisse bei der Anwendung dieser Verfahren können Auswertungen, Berichte oder Handlungsempfehlungen sein.[92] Um die Analyseergebnisse den

---

[84] Vgl. Krügerke (2009), S. 23.

[85] Vgl. Weber et al. (2009), S. 20 f.

[86] Vgl. Duderstadt (2006), S. 56.

[87] Vgl. Oehler/Sander (2010), S. 233.

[88] Vgl. Brezina (2001), S. 222.

[89] Im Vertriebs-Kontext wird teilweise auch von Sales Intelligence (SI) oder Customer Intelligence (CI) gesprochen (vgl. Winkelmann (2012), S. 658).

[90] Vgl. Gronwald (2017), S. 47.

[91] Vgl. Helmke (2002), S. 121-123; Brezina (2001), S. 222; Leußer et al. (2011a), S. 41 f.

[92] Vgl. Albers/Krafft (2013), S. 334.

Vertriebsmitarbeitern zu präsentieren, bietet das analytische CRM die Möglichkeit, sogenannte Dashboards zu erstellen. Diese ermöglichen eine übersichtliche und anwenderbezogene Präsentation der Ergebnisse. Mit unterschiedlichen Formen von grafischen Visualisierungen und Kennzahlen bieten sie eine aggregierte Sicht auf die wichtigsten Informationen.[93] Das analytische CRM sorgt somit dafür, dass die Erkenntnisse aus den Analysen der kundennahen Prozesse im Sinne eines Closed Loops an den Front-End Bereich zurückgespielt und dort in konkrete Maßnahmen umgesetzt werden können.[94]

---

[93] Vgl. Müller/Mergener (2010), S. 257-263.
[94] Vgl. Hippner et al. (2006), S. 49.

3 Big Data und Big Data Analytics im Unternehmenskontext

Neben der Darstellung des Vertriebs und des dazugehörigen Controllings sollen in diesem Kapitel sowohl die charakteristischen Merkmale von Big Data als auch die neuen Technologien und damit verbundenen Analyseverfahren erläutert werden. Darüber hinaus werden Unterschiede zu in der Vergangenheit etablierten Verfahren diskutiert und schließlich betriebliche Anwendungsfelder skizziert.

3.1 Big Data – Buzzword im Zusammenhang mit der Digitalisierung

3.1.1 Zentrale Merkmale von Big Data

Big Data – ein Begriff, der in den letzten Jahren häufig verwendet wurde. Dennoch ist nicht unbedingt direkt ersichtlich, was mit Big Data gemeint ist. In der wissenschaftlichen Literatur finden sich unterschiedliche Vorstellungen darüber, welche Aspekte dieser Begriff umfasst.[95] Für einige Autoren handelt es sich bei Big Data einzig um große Datenbestände. Allein diese Tatsache ist im IT-Bereich jedoch kein neues Phänomen.[96] Andere wiederum beziehen zusätzlich auch die zu den Daten dazugehörigen Analysemethoden mit ein.[97] Eine konkretere, an die unternehmerische Praxis angelehnte Definition liefert der Bundesverband Informationswirtschaft, Telekommunikation und neue Medien e.V. (*BITKOM*): „Big Data ist die [...] wirtschaftlich sinnvolle Gewinnung und Nutzung entscheidungsrelevanter Erkenntnisse aus qualitativ vielfältigen und unterschiedlich strukturierten Informationen, die einem schnellen Wandel unterliegen und in bisher ungekanntem Umfang anfallen"[98]. Andere Autoren gehen weniger ins Detail und beschreiben Big Data als einen im Unternehmensumfeld auftretenden digitalen Transformationsprozess.[99] So wird deutlich, dass es sich bei Big Data um eine komplexe Thematik handelt, die durch das Fehlen einer einheitlichen Definition, sowohl in der wissenschaftlichen Literatur als auch in der Praxis, gekennzeichnet ist.[100]

---

[95] Zusätzlich zum uneinheitlichen Verständnis zu Big Data gibt es auch Bezeichnungen wie Fast Data und Smart Data, welche auf die schnelle bzw. sinnvolle Nutzbarmachung von Daten abzielen (vgl. Gadatsch (2017a), S. 2).

[96] Vgl. Bunte/Krohn-Grimberghe (2014), S. 372.

[97] Vgl. Weichel/Herrmann (2016), S. 72.

[98] BITKOM (2012), S. 7.

[99] Vgl. Losbichler/Gänßlen (2018), S. 33.

[100] Vgl. Gadatsch (2013), S. 24.

Für ein klares Verständnis rund um dem Begriff Big Data bedient sich die vorliegende Arbeit bei einem Beitrag von *Bunte/Krohn-Grimberghe (2014)*. Diese unterscheiden Big Data im engeren und im weiteren Sinne. Demnach bezeichnet Big Data im engeren Sinne (im Folgenden: Big Data) die generierten Daten, sowie entsprechende informationstechnologische Entwicklungen, welche die Datenmengen verwertbar machen.[101] Diese Daten sind mit bestimmten Dimensionen und daraus resultierenden Herausforderungen verknüpft. Meist werden drei oder vier Dimensionen, die sogenannten „V's" aufgeführt. Dies sind das Datenvolumen („Volume"), die Datenvielfalt („Variety") sowie die Geschwindigkeit, mit der Daten generiert werden („Velocity").[102] Zusätzlich dazu wird noch die Verlässlichkeit („Veracity"), welche die Vertrauenswürdigkeit von Daten miteinschließt, zu Big Data dazugezählt. Die weiter gefasste Definition von Big Data bezeichnet hingegen jene Anwendungen, welche die Aufbereitung und Analyse der Daten (im Folgenden: Big Data Analytics) ermöglicht.[103] Bevor im weiteren Verlauf des dritten Kapitels auf Big Data Analytics eingegangen wird, sollen im ersten Schritt die Dimensionen von Big Data sowie die Basistechnologien zur Datenauswertung beleuchtet werden.

Die Dimension „Volume" zielt auf die in den letzten Jahren stark anwachsende Datenmenge ab. Schätzungen gehen dabei von einer Verdopplung der Datenmenge in jedem zweiten Jahr aus.[104] Insbesondere technologische Entwicklungen im Zusammenhang mit den Themen „Industrie 4.0", „Mobile IT", „Cloud Computing" und „Social Web" sind verantwortlich für diese Entwicklung.[105] So werden sowohl auf Seite der Unternehmen als auch auf der Seite von Privatleuten immer mehr Daten angesammelt. Diese tragen über die intensive Nutzung des Internets über mobile Endgeräte wie Smartphones und Tablets zu dem Datenwachstum bei. Dies geschieht dabei sowohl bewusst, beispielweise in Form von Textnachrichten in den sozialen Medien, als auch unbewusst durch die Aufzeichnung von Bewegungsdaten, welche im Hintergrund generiert werden.[106] In Unternehmen hingegen fallen immer mehr Daten durch die voranschreitende Vernetzung von Maschinen und die Nutzung von IT-Anwendungen an. Die IT-Anwendungen umfassen insbesondere

---

[101] Vgl. Bunte/Krohn-Grimberghe (2014), S. 372 f.
[102] Vgl. Russom (2011), S. 6.
[103] Vgl. Bunte/Krohn-Grimberghe (2014), S. 373.
[104] Vgl. Satzger et al. (2015), S. 229.
[105] Vgl. Gadatsch (2017a), S. 5.
[106] Vgl. Seufert (2014), S. 25.

Enterprise Ressource Planning-Systeme (ERP-Systeme), Supply Chain Management-Systeme (SCM-Systeme) und CRM-Systeme.[107] Das Datenwachstum setzt sich aus Unternehmensperspektive demzufolge sowohl aus internen als auch aus externen Quellen zusammen.[108]

Diese Unterschiede in den Datenquellen führen unmittelbar zur zweiten Dimension, die mit Big Data verknüpft wird, der Datenvielfalt. Aus den unterschiedlichen Quellen (siehe Abbildung 1) entspringen keine einheitlichen Daten. Betrachtet man die Struktur von Daten, lassen sich drei Kategorien festlegen. So gibt es strukturierte, semi-strukturierte und unstrukturierte Daten.109 Bei strukturierten Daten handelt es sich im Unternehmenskon-

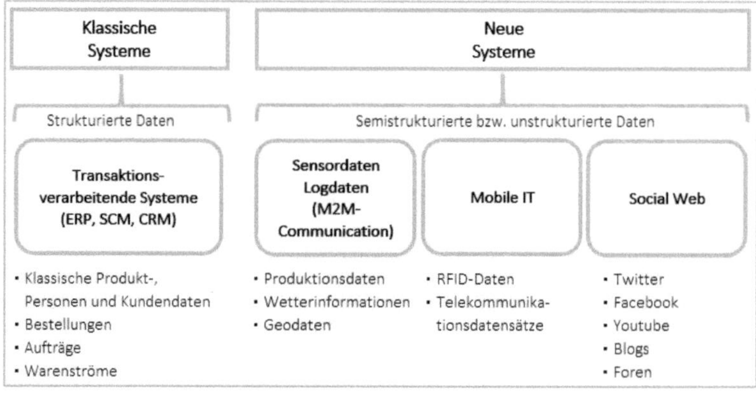

Abbildung 1: Big Data Datenquellen[110]

text beispielsweise um Produkt- und Kundendaten aus den ERP-, CRM- oder SCM-Systemen. Diese können mit SQL verarbeitet und in relationalen Datenbanken vorgehalten werden.[111] Semi-strukturierte Daten sind im Gegensatz zu strukturierten Daten dadurch gekennzeichnet, dass sie kein explizites Datenmodell aufweisen. Jedoch besitzen sie die Eigenschaft, dass sie implizit selbstschreibend sind. Dies ist

---

107 Vgl. Gadatsch (2013), S. 24.
108 Vgl. Gronau et al. (2016), S. 476.
109 Vgl. Möhring et al. (2014), S. 232.
110 In Anlehnung an: Gadatsch (2017b), S. 200.
111 Vgl. Gadatsch (2017a), S. 5.

bei unstrukturierten Daten[112] wiederum nicht der Fall.[113] Unstrukturierte Daten besitzen ein uneinheitliches Format, was man häufig bei Texten, Darstellungen oder Videos vorfindet. Dadurch wird die inhaltliche Analyse auf deren Informationsgehalt und Bedeutung erschwert.[114]

Eng verbunden mit der anwachsenden Datenmenge ist auch die Geschwindigkeit der Daten, die dritte Eigenschaft von Big Data. So verändern sich beispielweise im Bereich Social Media die Daten durch eine permanente Bearbeitung und Neugenerierung. Alle diese Prozesse laufen in einem hohen Tempo ab, was eine Herausforderung für die Auswertung der Daten darstellt, da die Datenauswertung heute oftmals in einem kurzem Abstand (near real-time) oder im selben Moment (real-time) erfolgen soll.[115]

Über die Merkmale Datenvolumen, Datenvielfalt und Datengeschwindigkeit hinaus wurde durch das Unternehmen *IBM* im Jahre 2012 auch noch die Verlässlichkeit der Daten im Rahmen von Big Data adressiert. Damit wird deutlich, dass beim Thema Daten auch deren Qualität eine Rolle spielt.[116] Diese ist bei den unterschiedlichen Datentypen, welche in großer Menge und Geschwindigkeit generiert werden, jedoch nicht immer gegeben. Darunter wird verstanden, dass die Daten nicht immer aktuell, fehlerfrei und lückenlos sind, woraus sich Probleme bei der Datenverarbeitung ergeben können.[117]

Was bedeutet dies nun für Unternehmen? Diese Daten stellen zunächst einmal das Potenzial für Unternehmen dar, aus diesen Daten Erkenntnisse zu gewinnen. Dafür müssen diese jedoch verarbeitet werden, da die Daten per se sonst nur einen begrenzten Mehrwert bieten.[118] Dementsprechend werden nachfolgend die Basistechnologien skizziert, welche eine Auswertung von Daten mit den oben beschriebenen Dimensionen erst ermöglichen.

---

[112] Mitunter findet man auch die Bezeichnung komplex-strukturierte oder polystrukturierte Daten (vgl. Seiter (2017), S. 72).

[113] Vgl. Möhring et al. (2014), S. 232.

[114] Vgl. Coners/Matthies (2015), S. 658.

[115] Vgl. Schön (2016), S. 304; Klein et al. (2013), S. 320.

[116] Vgl. IBM (2012), S. 4 f.

[117] Vgl. Gronau et al. (2016), S. 477.

[118] Vgl. Grönke/Heimel (2015), S. 242.

3.1.2 Technologische Entwicklungen im Zusammenhang mit Big Data

Bei der Verarbeitung der rasant gestiegenen Datenmenge, in welcher Daten zunehmend sowohl semi-strukturiert als auch unstrukturiert vorliegen, stoßen traditionelle Systeme an ihre Grenzen.[119] Somit bedarf es einer erweiterten informationstechnologischen Grundlage, um die generierten Daten für Unternehmen verwertbar zu machen.[120] Um dieses Problem zu adressieren, wurden in den vergangenen Jahren unterschiedliche technologische Ansätze entwickelt und erweitert.[121]

3.1.2.1 Hadoop

Einer dieser Ansätze ist Hadoop. Mit Hadoop wird ein System bezeichnet, welches unterschiedliche Aufgaben erfüllt. Zum einen dient es der Speicherung der Daten und zum anderen bietet es die Möglichkeit der Datenanalyse. Es besteht aus zwei Hauptkomponenten, dem Hadoop Distributed Filesystem (HDFS) und dem MapReduce-Verfahren.[122]

Das MapReduce-Verfahren kommt bei der Datenverarbeitung zum Einsatz. Wie der Name bereits impliziert, besteht es aus zwei Phasen. Während der Map-Phase erfolgt eine Zerlegung der Dateien in einzelne Datenblöcke. Im Anschluss werden zuvor definierte Berechnungen durchgeführt, deren Resultat eine Anzahl von Teilergebnissen ist. Diese werden daraufhin in der Reduce-Phase zu einem gemeinsamen Endergebnis zusammengeführt.[123] Bei der zweiten Komponente des Hadoop Ansatzes, dem HDFS, handelt es sich um eine verteilte Plattform für die Datenhaltung. Ähnlich der Idee im MapReduce-Verfahren, werden große Dateien in einzelne, kleinere Datenblöcke aufgeteilt.[124] Diese Daten werden dann nicht auf einem zentralen Rechner, sondern auf den Knoten einer Vielzahl von Rechnern vorgehalten.[125] Damit zeichnet sich der Hadoop Ansatz gegenüber Relationalen Datenbank Systemen (RDBMS) insbesondere durch die hohe Skalierbarkeit, die parallele

---

[119] Vgl. Grob/Bensberg (2009), S. 247.

[120] Vgl. Gadatsch (2013), S. 26.

[121] Vgl. Lechtenbörger/Vossen (2016), S. 214.

[122] Vgl. White (2009), S. 3 f.

[123] Vgl. Klein et al. (2013), S. 322.

[124] Vgl. Müller (2018), S. 12.

[125] Vgl. Möhring et al. (2013), S. 192.

Datenverarbeitung und die damit erhöhte Geschwindigkeit sowie die verbesserte Flexibilität aus.[126]

3.1.2.2 NoSQL-Datenbanken

Ein weiterer Ansatz rund um die Nutzbarmachung von Big Data sind sogenannte Not Only SQL-Datenbanken (NoSQL-Datenbanken).[127] Diese verfügen über kein fixes Relationenschema und keine Verfahren zur Konsistenzsicherung. Daraus ergeben sich Geschwindigkeits- und Kostenvorteile hinsichtlich der Skalierbarkeit.[128] Konkret bedeutet dies, dass das bestehende System bei Bedarf durch die Hinzunahme von zusätzlichen Servern erweitert werden kann. Somit lassen sich auch größere Datenbestände verarbeiten.[129] Das flexible Relationsschema ermöglicht zudem auch die Erfassung von neuen Datentypen sowie deren Veränderung. Schließlich bieten NoSQL-Datenbanken darüber hinaus auch noch die Möglichkeit, auf das zuvor beschriebene MapReduce-Verfahren zuzugreifen. In der Folge lässt sich zusätzlich die Präzision des Datenzugriffs steigern.[130]

3.1.2.3 In-Memory-Datenbanken

Bei den Hauptspeicher- bzw. In-Memory-Datenanken handelt es sich um ein Konzept, welches schon mehr als 30 Jahre alt ist, jedoch erst mit bedeutenden Technologieentwicklungen der letzten Jahre zum flächendeckenden Einsatz kommt.[131] Im Falle von RDBMS werden die zur Analyse benötigten Daten in einem externen Speichermedium vorgehalten. Erst wenn der Prozess Datenverarbeitung startet, werden die Daten in den Hauptspeicher transferiert.[132] In-Memory-Datenbanken verfahren im Gegensatz dazu derart, dass sämtliche Daten auf dem Hauptspeicher abgelegt sind. Ebenso findet die Datenverarbeitung im Hauptspeicher statt. Somit können In-Memory-Datenbanken die zeitaufwendigen Lese- und Schreibvorgänge umgehen.[133] Verglichen mit klassischen Datenbanksystemen werden die

---

[126] Vgl. Müller (2016), S. 146 f.

[127] Bei diesen handelt es sich unter anderem um sogenannte Graphen- oder Key-Value-Datenbanken sein (vgl. Dittmar (2016), S. 62).

[128] Vgl. Baars/Kemper (2015), S. 224.

[129] Vgl. Müller (2016), S. 149.

[130] Vgl. Fels/Schinkel (2015), S. 285-289.

[131] Vgl. Lechtenbörger/Vossen (2016), S. 215.

[132] Vgl. Sinzig/Sharma (2011), S. 19.

[133] Vgl. Fels/Schinkel (2015), S. 295.

benötigten Zeiten für Datenzugriff und Datenanalyse deutlich verkürzt. Dies geht soweit, dass man in diesem Zusammenhang von einer Echtzeitverarbeitung der Daten spricht.[134] Nicht zuletzt bieten In-Memory-Datenbanken die Möglichkeit, Daten unterschiedlicher Strukturen zu verarbeiten, ohne diese zuvor zu aggregieren.[135]

In der Betrachtung zeigt sich, worin die wesentlichen Schwächen in der Datenspeicherung und -verarbeitung für traditionelle Datenbanksysteme bestehen. Dadurch ist ein erfolgsversprechender Einsatz dieser klassischen Systeme im Zusammenhang mit Big Data nahezu ausgeschlossen.[136] Die drei skizzierten Technologieansätze leisten jedoch Abhilfe durch ihre Agilität und Flexibilität und ermöglichen somit die Anwendung von Big Data Analytics-Verfahren, welche im sich anschließenden Kapitel näher betrachtet werden.

3.1.3 Voraussetzungen für die Anwendung

Somit gilt es eine IT-Infrastruktur aufzubauen, die eine Anwendung von Big Data Analytics zulässt. Eine in der Literatur häufig diskutierte Möglichkeit ist ein Hybrid-Ansatz (siehe Abbildung 2), also eine Kombination aus BI- und Big-Data-System. Den Ausgangspunkt für die Integration von Big Data bildet die bereits bestehende Infrastruktur, welche in den Unternehmen meist derart ausgerichtet ist, dass sie die BI-Anwendungen unterstützt.[137] Das Ziel beim Aufbau eines solchen Hybrid-Systems ist eine Erweiterung der traditionellen Infrastruktur durch den gezielten Einsatz von Big Data-Technologien. Dadurch sollen die Probleme der klassischen Systeme in Verbindung mit der Verarbeitung von Big Data behoben werden.[138]

Die bestehende Infrastruktur baut meist auf einem Data Warehouse auf, indem Daten aus unterschiedlichen Quellensystemen zusammengeführt werden. BI-Anwendungen greifen über die sogenannten Data Marts, in denen Daten anhand definierter Kriterien vorgehalten werden, auf die zur Analyse benötigten Daten zu.[139] Auf der rechten Seite der Abbildung 2 befindet sich der Teil, welcher für die Verarbeitung von Big Data ergänzt wird.

---

[134] Vgl. BITKOM (2014), S. 22-24.
[135] Vgl. Matt (2012), S. 230.
[136] Vgl. Fasel/Meier (2016), S. 11.
[137] Vgl. BITKOM (2014), S. 117-119.
[138] Vgl. Müller (2016), S. 156.
[139] Vgl. Klein et al. (2013), S. 321.

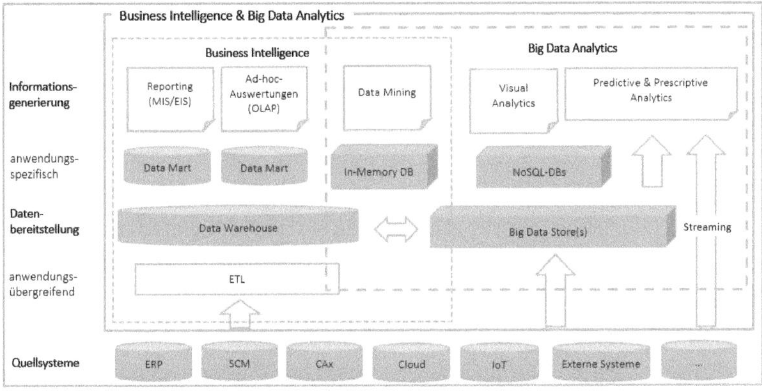

Abbildung 2: Technologische Integration von Big Data Analytics[140]

Der Big Data Store hat zweierlei Funktion. Auf der einen Seite bietet der Big Data Store die Möglichkeit Daten zu speichern, deren Verwendungszweck noch unklar ist. Für spezielle Auswertungen kann direkt auf diese Datenhaltungskomponente zugegriffen werden. Andererseits stellt er auch eine vorgelagerte Stufe zum Data Warehouse dar. Dieses wird somit nicht durch den Big Data Store ersetzt. Darüber hinaus können zusätzliche NoSQL- und In-Memory-Datenbanken integriert werden. Dadurch wird eine zeitnahe Auswertung von großen, heterogenen Datenbeständen ermöglicht.[141] Zunehmend spielt dabei auch die Anbindung in eine Cloud-Umgebung eine Rolle.[142] Insgesamt gibt es jedoch keine festgelegte Strategie, sondern vielmehr unterschiedliche Ansätze, um das Unternehmen auf Big Data vorzubereiten. Welche Technologien zur Anwendung von Big Data Analytics nötig und sinnvoll sind, ist in der Praxis jedoch stark von der bereits bestehenden Infrastruktur abhängig und muss somit individuell betrachtet werden.[143]

Zusätzliche Herausforderungen, denen sich Unternehmen im Zusammenhang mit Big Data gegenübergestellt sehen, sind Fragestellungen rund um die Datensicherheit und den Datenschutz. Durch die Nutzung von CRM-Systemen und das damit verbundene Sammeln und Verarbeiten von kundenbezogenen Daten ist insbesondere der Marketing- und Vertriebsbereich gefordert, geeignete Konzepte zu

---

[140] In Anlehnung an: Ereth/Kemper (2016), S. 461.
[141] Vgl. Baars/Kemper (2015), S. 225 f.
[142] Vgl. Buschbacher et al. (2014), S. 90.
[143] Vgl. Ebner/Smolnik (2015), S. 250.

entwickeln.[144] Dies heißt auch, dass sich das bereichsbezogene Controlling mit diesen Themen auseinandersetzen muss.[145]

Der Datenschutz stellt eine nicht einfach zu bewältigende Herausforderung für Unternehmen dar. Aus diesem Grund agieren insbesondere stark international tätige Unternehmen im Zusammenhang mit Big Data mitunter noch eher zurückhaltend.[146] Beim Datenschutz geht es vorwiegend um die nationalen und internationalen Gesetze, die bei der Erhebung sowie bei der Verarbeitung von Kunden- und Marktdaten beachtet werden müssen. Eng damit verbunden sind ethische Fragestellungen, die sich durch Big Data ergeben. Das Unternehmen muss dabei einen schmalen Grat zwischen nützlicher Informationsgewinnung und Respektierung der Privatsphäre des Kunden berücksichtigen. Die gewonnenen Informationen müssen schließlich auch derart gesichert werden, dass eine Manipulation oder gar ein unerlaubter Zugriff von außen verhindert wird.[147] Hier kann es je nachdem notwendig sein neue Strategien zu entwickeln, da bewährte Methoden für traditionelle Data Warehouse-Architektur bei verteilten Datenbanksystemen nicht mehr greifen.[148]

3.2 Big Data Analytics – Neue Möglichkeiten der Datenverarbeitung

3.2.1 Fokus der Big Data Analytics-Verfahren

Durch das alleinige Vorhalten von schnell anwachsenden, heterogenen Datenbeständen erzielen Unternehmen noch keine Vorteile gegenüber ihren Konkurrenten. Nachdem die Daten gesammelt und gespeichert sind, müssen sie entsprechend verarbeitet werden. Erst dadurch, wie in Abbildung 3 dargestellt, können Informationen extrahiert und somit neues Wissen generiert werden. Somit bedarf es der Anwendung von analytischen Ver-

---

[144] Vgl. Bierekoven (2016), S. 158.
[145] Vgl. Müller-Seitz et al. (2016), S. 30.
[146] Vgl. Buhl et al. (2013), S. 29.
[147] Vgl. BITKOM (2014), S. 137-140.
[148] Vgl. Ebner/Smolnik (2015), S. 252.

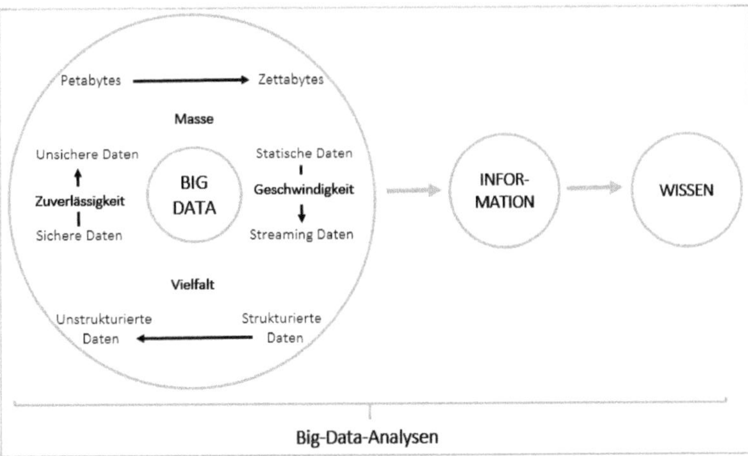

Abbildung 3: Eigenschaften von Big Data und Big Data-Analysen[149]

fahren, um den Daten einen betrieblichen Nutzen zuzuführen.[150] In der praktischen Umsetzung müssen heute insbesondere fortschrittliche Verfahren, die auch in der Lage sind komplexe Auswertungen vorzunehmen, eingesetzt werden. Derartige Verfahren werden in der Literatur unter dem Begriff Business Analytics subsumiert.[151] Im Zusammenhang mit Big Data spricht man auch von Big Data Analytics.[152] Eines der Hauptmerkmale ist, wie die Bezeichnung bereits impliziert, die umfassende Integration von Daten unterschiedlicher Quellen und Strukturen.[153] Unter Big Data Analytics werden dabei sowohl traditionelle BI-Verfahren (Descriptive Analytics, Diagnostic Analytics, Real-time Analytics) als auch Advanced Analytics (Predictive Analytics, Prescriptive Analytics) und Visual Analytics-Verfahren verstanden, wobei letztgenannte Verfahren den Fokus für Big Data Analytics darstellen und daher an dieser Stelle näher erläutert werden sollen.[154]

---

[149] Entnommen aus: Rudolph/Linzmajer (2014), S. 17.

[150] Vgl. Rudolph/Linzmajer (2014), S. 17.

[151] Vgl. Bunte/Krohn-Grimberghe (2014), S. 373; Oehler et al. (2016), S. 63.

[152] Vgl. Gronau et al. (2016), S. 472.

[153] Vgl. Grönke/Heimel (2015), S. 127.

[154] Vgl. Derwisch et al. (2016), S. 480.

3.2.1.1 Predictive Analytics

Bei Predictive Analytics handelt es sich um Verfahren, die auf unterschiedlichen statistischen und mathematischen Modellen aufbauen. Das Ziel dieser Modelle ist es, zutreffende Aussagen über zukünftige Entwicklungen zu treffen.[155] Insbesondere in den vergangenen Jahren wurden neue Modelle entwickelt, die in der Lage sind, zusätzlich zur prognostizierten Entwicklung, auch Informationen hinsichtlich der Wahrscheinlichkeiten und Risikoverteilungen zu liefern.[156] Mögliche Aufgabenbereiche für diese Verfahren sind Segmentierungen, Assoziationen und Klassifikationen.[157] Neben der Einbeziehung von Wahrscheinlichkeiten zeichnet sich Predictive Analytics zudem durch die Anwendung von maschinellem Lernen aus. Die Folge dieser permanenten Weiterentwicklung und Optimierung der Modelle ist eine erhöhte Genauigkeit der erstellten Prognosen.[158]

3.2.1.2 Prescriptive Analytics

Auch Prescriptive Analytics, als zweite Komponente von Advanced Analytics, befasst sich mit zukünftigen Entwicklungen.[159] Die Verfahren liefern zusätzliche Informationen, die über die Erstellung von Prognosen hinausgehen. Auf Grundlage der Ergebnisse von deskriptiven und prädikativen Verfahren, sowie der Berücksichtigung von Unsicherheiten, werden mögliche Handlungsalternativen untersucht.[160] Simulations- und Optimierungsansätze werden dabei derart eingesetzt, dass die Alternativen hinsichtlich ihrer Erfolgsaussichten bewertet werden können.[161] Die Ergebnisse dieser Auswertungen können zwei unterschiedliche Formen haben. Die erste Möglichkeit ist die Unterbreitung eines konkreten Vorschlags, der für den Anwender als Unterstützung im Rahmen des Entscheidungsprozesses dient. Denkbar sind heute aber auch schon Systeme, die eigenständig handeln und somit dem Anwender die Entscheidungsfindung abnehmen.[162]

---

[155] Vgl. Ereth/Kemper (2016), S. 460.

[156] Vgl. Schwarzl (2015), S. 208.

[157] Vgl. Iffert (2016), S. 17.

[158] Vgl. BITKOM (2014), S. 62.

[159] Vgl. Seiter (2017), S. 151.

[160] Vgl. IBM (2013), S. 5.

[161] Vgl. Lanquillon/Mallow (2015a), S. 57.

[162] Vgl. Schwarzl (2015), S. 209.

3.2.1.3 Visual Analytics

Bei Visual Analytics handelt es sich um Anwendungen, die eine Analyse der Datenbestände mithilfe von Visualisierungen ermöglichen. Wie bei einigen anderen Bereichen im Themengebiet von Big Data Analytics kann diese Kategorie von Auswertungsverfahren nicht per se als völlig neue Entwicklung bezeichnet werden, da Visualisierungen bei der Datenanalyse seit jeher eine Rolle spielen. Neu ist hingegen, dass Visual Analytics eine explorative Analyse von komplexen, unübersichtlichen Datensätzen ermöglicht.[163] Dazu werden neue Visualisierungsformen sowie unterschiedliche statistische Verfahren eingesetzt. Das Ergebnis sind Analysewerkezuge, die sich durch Zukunftsorientierung sowie einen hohen Interaktions- und Flexibilitätsgrad auszeichnen.[164]

3.2.2 Abgrenzung von Big Data Analytics und Business Intelligence

Auf das Vorhandensein von Berührungspunkten zwischen Big Data Analytics und klassischer Business Intelligence wurde bereits im ersten Abschnitt des vorangegangenen Kapitels hingewiesen. Diese bestehen sowohl in einer ähnlichen übergeordneten Zielsetzung, als auch bei der Anwendung der Verfahren.[165] Damit ist klar, dass beide Bereiche nicht isoliert voneinander betrachtet werden können, sondern sich daraus vielmehr eine Notwendigkeit ergibt, die Unterschiede und Gemeinsamkeiten deutlich herauszustellen, um somit einen klaren Bezugsrahmen für die im Fortgang der Arbeit getroffenen Annahmen und Überlegungen zu setzen.

Die Bandbreite der angewandten Verfahren im Rahmen von Business Intelligence und Big Data Analytics untergliedert sich, wie in Abbildung 4 zu sehen, in drei unterschiedliche Bereiche. Dies sind die Analyse, der Forecast und die Optimierung. Business Intelligence stützt sich bei den Auswertungen insbesondere auf den Bereich der Analyse.[166]

---

[163] Vgl. Baars/Kemper (2015), S. 226.

[164] Vgl. Ruf/Schwab (2016), S. 496 f.

[165] Vgl. Lanquillon/Mallow (2015b), S. 263.

[166] Vgl. Hoening et al. (2017), S. 34.

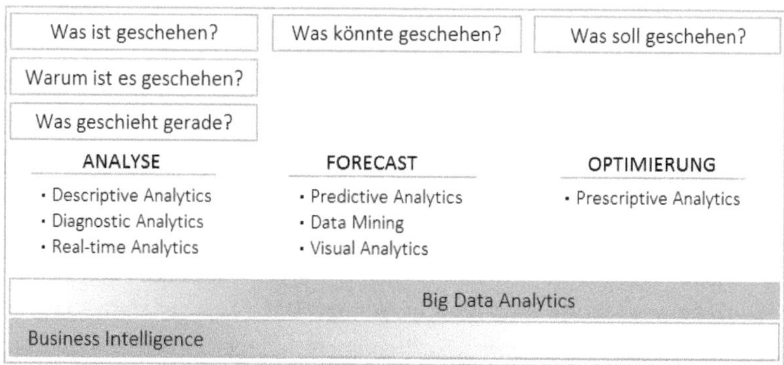

Abbildung 4: Analysespektrum von Business Intelligence und Big Data Analytics[167]

Mit Descriptive Analytics werden vergangenheitsorientierte Auswertungen großer Datenbestände anhand von Kennzahlen verbunden.[168] Dabei kommen Werkzeuge wie OLAP, Reports und Dashboards zum Einsatz.[169] Die durch die deskriptiven Analysen beschriebenen Zustände der Vergangenheit werden mithilfe von Diagnostic Analytics einer weiteren Analyse unterzogen. Diese konzentrieren sich auf die Identifikation von kausalen Verbindungen, um Gründe für die beobachteten Entwicklungen zu liefern.[170] Als drittes Verfahren gliedert sich schließlich auch noch Real-time Analytics in den Bereich der Analyse ein. Im Gegensatz zu Descriptive Analytics konzentrieren sich die Analysen hier auf den Ist-Zustand. Damit verbunden ist der Ansatz des Streamings, der eine permanente Informationsversorgung beschreibt.[171] Zudem kommen vereinzelt auch komplexere Verfahren aus dem Bereich Advanced Analytics in Verbindung mit Data Mining-Methoden zum Einsatz. Gleichwohl spielen diese Verfahren für Business Intelligence eine untergeordnete Rolle.[172] Damit wird deutlich, dass Business Intelligence durch eine primär rückwärtsgewandte Ausrichtung charakterisiert ist und somit nur in Teilen Rückschlüsse auf zukünftige Entwicklungen zulässt.

---

[167] In Anlehnung an: Hoening et al. (2017), S. 37.

[168] Vgl. Bensberg/Schirm (2018), S. 61.

[169] Vgl. Gluchowski (2016), S. 276.

[170] Vgl. Bunte/Krohn-Grimberghe (2014), S. 373.

[171] Vgl. Mehanna et al. (2018), S. 40.

[172] Vgl. Baars (2016), S. 174.

Big Data Analytics bedient sich, ebenso wie Business Intelligence, nicht nur bei einzelnen wenigen, sondern bei einer Reihe unterschiedlicher Verfahren.[173] So kommen auch die zuvor skizzierten beschreibenden Verfahren zum Einsatz. Der Grund dafür ist, dass die Menge, Vielfalt und Geschwindigkeit der Daten dafür sorgt, dass die klassischen BI-Systeme auch schon bei nicht-explorativen Analysen an ihre Grenzen gelangen. Somit ist im Umfeld von Big Data mitunter auch für reine Beschreibungsmodelle die Anwendung von Big Data Analytics notwendig.[174] Der eigentliche Fokus von Big Data Analytics liegt jedoch an einer anderen Stelle. Dies wird bei der Betrachtung der Zielsetzung deutlich. Hier geht es darum sowohl mögliche Entwicklungen frühzeitig zu identifizieren, als auch dazu geeignete Handlungsempfehlungen abzuleiten.[175] Um dieser ausgeprägten Zukunftsorientierung gerecht zu werden, kommen primär die Verfahren, welche dem Advanced Analytics zugeordnet werden, zum Einsatz.[176] Somit lässt sich, basierend auf den vorherigen Ausführungen und dem Ansatz von *Gronwald (2017)*, eine genauere Einordnung von Big Data Analytics vornehmen. Demnach bezeichnet Big Data Analytics eine „[...] eigenständige, zu BI komplementäre und mit ihr vernetzte Disziplin [...]"[177]. Dieses Verständnis soll die Grundlage für den weiteren Verlauf der Arbeit bilden.

3.2.3 Einsatzpotenziale von Big Data Analytics in der betrieblichen Praxis

In den beiden vorangegangenen Unterkapiteln wurde ausführlich erklärt, was sich hinter den Begrifflichkeiten Big Data und Big Data Analytics verbirgt. Daran anschließend soll nun auf Branchen- und Funktionsebene ein kurzer Überblick sowohl zu den Einsatzpotenzialen als auch zum aktuellen Anwendungsstand gegeben werden.

In der wissenschaftlichen Literatur wird Big Data Analytics eine große Anwendungsbandbreite zugesprochen. Dabei geht man zunächst prinzipiell davon aus, dass sich die Verfahren ungeachtet von Branchen- und Funktionszugehörigkeit im betrieblichen Kontext nutzen lassen.[178] Mit Blick auf die unterschiedlichen Branchen ist erkennbar, dass Produktionsunternehmen hinsichtlich der Nutzung von

---

[173] Vgl. Dedic/Stanier (2017), S. 118.

[174] Vgl. Lanquillon/Mallow (2015b), S. 263.

[175] Vgl. Hoening et al. (2017), S. 31.

[176] Vgl. Gluchowski (2016), S. 276 f.

[177] Gronwald (2017), S. 123.

[178] Vgl. Gadatsch/Landrock (2017), S. 6.

Big Data vergleichsweise wenig aktiv sind. Obwohl geeignete Verfahren für diese Unternehmen bereits anwendbar sind, kommen diese eher selten zum Einsatz. Eine Gruppe von Unternehmen, die sich hingegen bereits intensiver mit diesem Thema beschäftigt, sind jene aus der Versicherungs-, Banken- und Handelsbranche. Nichtsdestotrotz werden, beispielweise von Unternehmen aus dem Einzelhandel, Möglichkeiten im Hinblick auf eine Verbesserung der Kundenbindung durch Big Data Analytics nicht vollumfänglich wahrgenommen.[179]

Auf Funktionsbereichsebene werden insbesondere solche Bereiche mit Big Data in Verbindung gebracht, in denen der Fokus auf der Planung, Steuerung und Kontrolle von betrieblichen Prozessen liegt.[180] Demzufolge wird ein hohes Einsatzpotenzial von Big Data Analytics im Controlling gesehen. Hierbei spielen die traditionellen Anwendungsschwerpunkte wie die Kostenrechnung oder das Reporting eine eher geringe Rolle. Insbesondere wird dem funktionsbereichsbezogenen Controlling das größte Potenzial zugesprochen. Dabei sind exemplarisch das Logistik- und Produktionscontrolling sowie das Marketing- und das Vertriebscontrolling zu nennen. In diesem Zusammenhang konnten *Willmes et al. (2015)* in ihrer Studie feststellen, dass das Bereichscontrolling davon profitiert, wenn bereits in anderen Funktionsbereichen im Unternehmen Big Data-Technologien angewandt werden. Dadurch ergibt sich eine verkürzte Übergangszeit zwischen Test- und Produktivbetrieb.[181] Ungeachtet dieser, auch insbesondere für das Vertriebscontrolling, zugesprochenen Einsatzpotenziale von Big Data Analytics lässt sich in der Praxis ein geringer Anwendungsstand beobachten.[182]

---

[179] Vgl. Gronau et al. (2016), S. 473-475.
[180] Vgl. Baars (2016), S. 179.
[181] Vgl. Willmes et al. (2015), S. 258-261.
[182] Vgl. Gadatsch (2016), S. 64.

4 Einsatz von Big Data Analytics im Vertriebscontrolling

Nachdem in Kapitel 3 die Grundlagen von Big Data und den dazugehörigen Analyseverfahren erläutert wurden, soll dieser Abschnitt zunächst darlegen, welche konkreten Einsatzbereiche sich für die Anwendung von Big Data Analytics im Vertriebscontrolling ergeben. Aufbauend darauf werden die Auswirkungen auf das Vertriebscontrolling und den Vertrieb sowie mit Big Data Analytics verbundene Herausforderungen diskutiert.

4.1 Anwendungsmöglichkeiten von Big Data Analytics

4.1.1 Sales Forecast

Mit der regelmäßigen Erstellung des Sales Forecasts liefert das Vertriebscontrolling eine wichtige Basis für die zielgerichtete Steuerung des Vertriebs.[183] Dieser dient dabei als Planungsgrundlage, Steuerungsinstrument und Frühwarnindikator.[184] Bei der Erstellung einer Prognose lassen sich prinzipiell qualitative und quantitative Verfahren unterscheiden. Während die qualitativen Verfahren eher für längerfristige Prognosen angewandt werden, haben quantitative Verfahren ihre Stärken insbesondere in der Vorhersage von Umsätzen, die in der näheren Zukunft liegen. Um sowohl kurz- als auch langfristige Entwicklungen zu berücksichtigen, bietet sich eine Kombination der beiden Verfahren an.[185] Obwohl dem Sales Forecast in der Praxis eine relativ hohe Bedeutung beigemessen wird, lassen sich häufig zwei Problematiken beobachten. Zum einen bindet die Erstellung des Forecasts nicht nur viele Ressourcen im Vertriebsbereich,[186] sondern der erforderliche Zeitraum zur Erstellung beträgt mitunter auch mehrere Wochen.[187] Diese Tatsache bedeutet jedoch im Umkehrschluss nicht, dass dadurch gewährleistet ist, dass das prognostizierte Ergebnis mit dem tatsächlichen Ergebnis übereinstimmt. Vielmehr ist die Prognosegenauigkeit in der unternehmerischen Praxis nicht selten eher gering ausgeprägt.[188] Eine Möglichkeit die Schwächen des traditionellen Forecasts zu reduzieren, ist der Einsatz von komplexen Modellen in Verbindung mit Predictive

---

[183] Vgl. Winkelmann (2012), S. 690.

[184] Vgl. Kühnapfel (2017), S. 397.

[185] Vgl. Hofbauer/Hellwig (2016), S. 156.

[186] Vgl. Pufahl (2015), S. 218.

[187] Vgl. PwC (2011), S. 35.

[188] Vgl. Schmitt (2014), S. 136.

Analytics (siehe Abbildung 5). Dabei bedienen sich die Prognosemodelle insbesondere bei fortschrittlichen Statistikverfahren

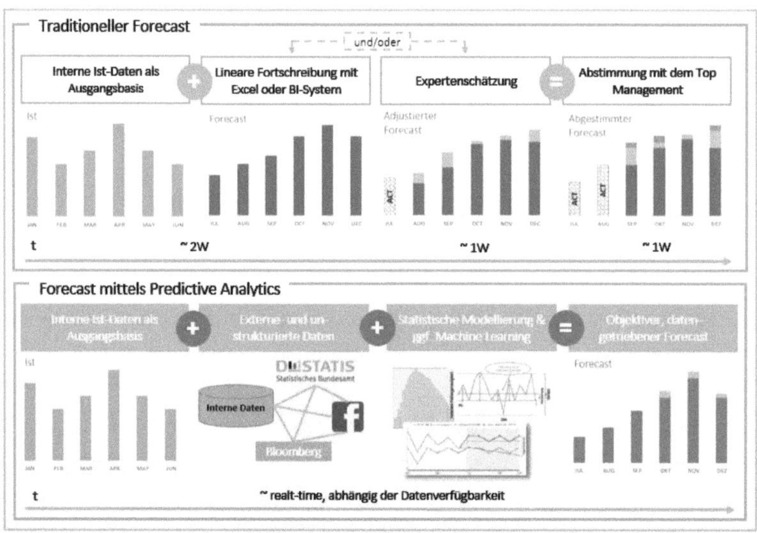

Abbildung 5: Traditioneller Forecast versus Predictive Forecast[189]

in Form von multivariaten Zeitreihen und Regressionsmodellen.[190] Bei deren Berechnung ist neu, dass die verarbeiteten Daten auch einen deutlichen Anteil an unstrukturierten und externen Daten enthalten. Solche Daten können zum einen Wirtschaftsdaten, in Form von Konjunktur-, Wachstums- und Arbeitslosendaten sein. Zum anderen finden über Textanalysen auch Kundendaten aus dem Social Media-Bereich Verwendung für die Erstellung des Sales Forecasts. Es ist beispielweise möglich, über eine Sentimentanalyse Informationen zu Kundenpräferenzen zu gewinnen, diese zu analysieren und in der Erstellung des Forecasts mit einfließen zu lassen.[191] Auf diese Weise kann ein Prognosemodell aufgebaut werden, dessen Datenbasis nicht ausschließlich auf historischen Absatzzahlen, eingegangenen Bestellungen und ausgeführten Marketingaktivitäten basiert. Vielmehr werden auch noch weitere, für die Umsatzentwicklung bedeutsame Größen, miteinbezogen.

---

[189] Entnommen aus: Nann/Eichenberg (2018), S. 7.
[190] Vgl. Satzger et al. (2015), S. 231.
[191] Vgl. Weichel/Herrmann (2016), S. 12.

Dabei gilt, dass mit steigender Datenqualität und steigendem Datenumfang die Prognosegüte der neuen Modelle gegenüber ihren klassischen Vorgängern zunimmt. Unterstützt wird diese Entwicklung durch den Einsatz von Machine Learning, wodurch die Prognosemodelle in der Lage sind, die Auswertungen und damit auch die Ergebnisse im Zeitverlauf eigenständig zu optimieren.[192] Die Prognoseergebnisse können unter Angabe ihrer Eintrittswahrscheinlichkeit nicht nur auf Kundengruppen-, sondern auch auf Einzelkundenebene angegeben werden und liefern somit eine detaillierte Übersicht der in der Zukunft zu erwartenden Umsätze.[193]

Ein weiterer Vorteil, neben der verbesserten Genauigkeit der Prognose, ist die Reduktion des zeitlichen und personellen Aufwands im Erstellungsprozess. Der automatisierte Forecast-Prozess nimmt weniger Zeit in Anspruch als dies in der Vergangenheit der Fall war. Gleichzeitig sinkt auch der erforderliche Ressourceneinsatz. Infolge der Aufwandsreduktion ergibt sich die Möglichkeit, den Forecast häufiger als bisher zu aktualisieren und somit die Prognoseintervalle insgesamt zu verkürzen.[194]

4.1.2 Kundenabwanderungsanalyse

Das Vertriebscontrolling zeichnet sich in Abgrenzung zu einigen anderen Controlling-Bereichen dadurch aus, dass es nicht nur primär kosten- und erlösbezogene Daten verarbeitet. Neben der Verarbeitung von bereichsspezifischen Daten aus dem Rechnungswesen finden hingegen insbesondere auch kundenbezogene Steuerungsgrößen eine Anwendung. Einer dieser sogenannten weichen Faktoren ist beispielsweise die Kundenzufriedenheit, die durch das Vertriebscontrolling für unterschiedliche Formen der Kundenanalyse genutzt wird.[195] Die Bedeutung dieser Steuerungsgröße für das Vertriebscontrolling wird in erster Linie bei der Betrachtung des Konzepts der Kundenabwanderungsanalyse[196] deutlich. Im Rahmen einer solchen Analyse wird das Ziel verfolgt, frühzeitig Hinweise und Indikatoren für eine

---

[192] Vgl. Weiss (2012), S. 30 f.

[193] Vgl. Lips/Mühlen (2018), S. 14.

[194] Vgl. Nann/Eichenberg (2018), S. 7 f.

[195] Vgl. Deking/Meier (2000), S. 251-253.

[196] Die Kundenabwanderungsanalyse steht in Verbindung mit dem Churn Management. Dabei handelt es sich um die frühzeitige Identifikation von Kundenabwanderungen, sowie geeignete Maßnahmen um diese zu vermeiden (vgl. Glaser (2017), S. 162).

mögliche kundenseitige Beendigung der Geschäftsbeziehungen zu finden.[197] Dabei lassen sich durch eine gezielte Analyse des Kundenfeedbacks, beispielsweise in Form von Beschwerdeformularen, Rückschlüsse auf die Wahrnehmung von Kunden in Bezug auf die Unternehmensperformance gewinnen.[198]

Der Einsatz von Big Data-Technologie in Verbindung mit Text Mining bietet für das Vertriebscontrolling einen Ansatz zur Analyse und Klassifikation von schriftlichen Beschwerdedokumenten.[199] Dadurch ist es möglich, auf Basis von Kundenfeedback, abwanderungsgefährdete Kunden zu identifizieren.[200] Sowohl die Notwendigkeit als auch die Vorteile durch den Einsatz von Big Data Analytics in diesem Zusammenhang werden deutlich, wenn man die „V's", die Big Data charakterisieren, betrachtet. So erreichen Unternehmen, über unterschiedlichste Kanäle, wie E-Mails, Formulare und Tweets, eine große Anzahl von Kommentaren. Zudem werden diese kontinuierlich mit einer hohen Geschwindigkeit übermittelt und lassen oftmals eine einheitliche Struktur vermissen, wodurch die Analyse mit klassischen IT-Anwendungen erschwert wird oder mitunter gar nicht erst möglich ist. Dank Predictive Analytics können nicht nur Teilbestände, sondern der gesamte vorliegende Datenbestand auf unterschiedlichste Merkmale untersucht werden. Dies geschieht voll automatisiert, nahezu in Echtzeit und auf hochgranularer Ebene.[201] Einige klassische Ansätze zur Kundenzufriedenheitsanalyse lieferten bisweilen nur weitestgehend aggregierte Ergebnisse.[202] Big Data Analytics bietet hingegen kundenindividuelle Betrachtungen, die ein detaillierteres Bild zum Kundenabwanderungsrisiko ermöglichen. Die so gewonnenen Informationen, die zuvor schwer oder nur unter hohem Ressourceneinsatz zugänglich gemacht werden konnten, lassen sich im Anschluss für weitere kundenbezogene Analysen wie die Kundenwertanalyse verwenden.

---

[197] Vgl. Heberer (2004), S. 185.

[198] Vgl. Lohse (2000), S. 283.

[199] Vgl. Möhring et al. (2014), S. 237 f.

[200] Vgl. Buschbacher (2016), S. 43.

[201] Vgl. BITKOM (2015), S. 98.

[202] Vgl. Ramme (2002), S. 447 f.

4.1.3 Kundenwertanalyse

Im Rahmen des kundenbezogenen Vertriebscontrollings bedarf es im Sinne einer zielgerichteten Vertriebssteuerung auch der permanenten Beurteilung der Kundenattraktivität. Dazu ist es erforderlich, die Kundenbeziehungen anhand unterschiedlicher Kriterien zu bewerten.[203] Ein in diesem Zusammenhang geeignetes und durch das Vertriebscontrolling angewandtes Instrument ist die Kundenwertanalyse.[204] Ebenso wie bei der zuvor beleuchteten Kundenabwanderungsanalyse, bietet sich auch bei der Kundenwertanalyse der Einsatz von Predictive Analytics an.[205] Da zum Kundenwert viele unterschiedliche Konzeptionen und Definitionen existieren,[206] soll hier der Beitrag von *Lissautzki (2005)* zum Kundenwert-Verständnis als Basis für die nachfolgenden Ausführungen dienen. Demnach werden bei der Betrachtung des Kundenwertes drei Dimensionen, die durch unterschiedliche Werttreiber und darauf einwirkende Bestimmungsfaktoren gekennzeichnet sind, unterschieden. Die Dimensionen lassen sich in Einzahlungen, Auszahlungen und Risiko einteilen,[207] wobei sich im Zusammenhang mit dem Einsatz von Big Data Analytics primär Auswirkungen auf die erst- und die letztgenannte Dimension ergeben.

Der Kundenumsatzwert (KUW) repräsentiert in diesem Fall die Einzahlungsseite, die sich aus insgesamt fünf unterschiedlichen Werttreibern zusammensetzt (Abbildung 6). Sowohl der Entwicklungswert (EW) als auch der Cross-Selling-Wert (CSW) stehen für

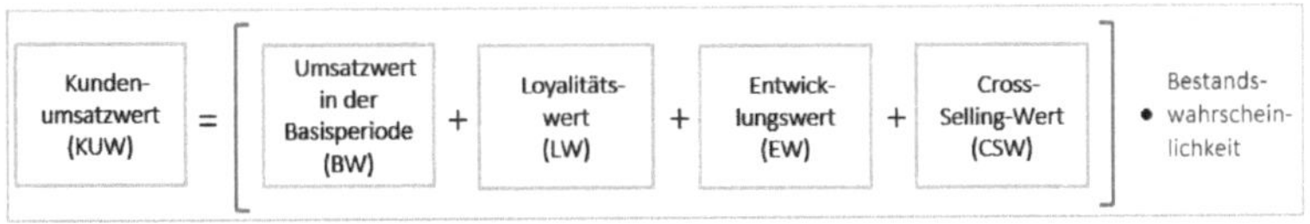

Abbildung 6: Werttreiber des Kundenumsatzes[208]

zusätzliche Umsätze innerhalb einer Produktgruppe bzw. für solche Umsätze mit einer Produktgruppe, die ursprünglich nicht durch den betrachteten Kunden

---

203 Vgl. Krafft/Frenzen (2006), S. 632-634.

204 Vgl. Deking/Meier (2000), S. 253.

205 Vgl. Esch et al. (2016), S. 59.

206 Vgl. Mengen/Mettler (2008), S. 30.

207 Vgl. Lissautzki (2005), S. 86.

208 Entnommen aus: Lissautzki (2005), S. 87.

nachgefragt wurden. Um zu ermitteln, wie wahrscheinlich es ist, dass ein Kunde unterschiedliche Produkte aus einer bestimmten Produktkategorie in der Zukunft nachfragen wird, lassen sich auf Basis von umfangreichen Historiendaten entsprechende Aussagen treffen. Ein Praxisbeispiel ist das Industrieunternehmen *STILL*, welches dazu Predictive Analytics-Verfahren einsetzt. Auf der Grundlage von mehreren Millionen Transaktionen aus der Vergangenheit, werden statistische Modelle entwickelt. Aus dieser Transaktionshistorie werden Variablen abgeleitet, welche das produktspezifische Nachfrageverhalten des einzelnen Kunden beschreiben. Darüber hinaus können die Modelle über den Zugriff auf externe Quellen mit zusätzlichen Datensätzen angereichert werden, um somit die Prognosegenauigkeit zu optimieren. Die Modelle sind daher dazu in der Lage, entsprechend präzise Aussagen über die zukünftigen Nachfragewahrscheinlichkeiten auf produkt- und kundenindividueller Ebene zu treffen.[209] Das Praxisbeispiel verdeutlicht, dass es zunehmend wichtiger wird, auch externe Datenquellen zu berücksichtigen. Veränderungen in Bezug auf die Werttreiber des Kundenwertes lassen sich in einer dynamischen und komplexen Geschäftswelt nicht mehr allein durch die Analyse von historischen Vertriebsdaten prognostizieren. Vielmehr müssen weitere Daten aus anderen Unternehmensabteilungen sowie externe Daten über Märkte, Konkurrenten und weitere Aspekte des Unternehmensumfelds in die Kundenwertanalyse integriert werden.[210] Dadurch ist es möglich, die Vorhersagegenauigkeit von EW und CSW und damit ihren Aussagewert zu erhöhen.

Neben den überwiegend kosten- und erfolgsbezogenen Werttreibern, spielen auch qualitative Faktoren eine Rolle. Dies sind insbesondere die Kundenzufriedenheit und die Kundenbindung.[211] So wird im Ansatz von *Lissautzki (2005)* die Stärke der Kundenbindung über die Bestandswahrscheinlichkeit berücksichtigt. Da man davon ausgeht, dass die Kundenzufriedenheit ein bestimmender Faktor der Kundenbindung ist,[212] lässt sich über diese Verbindung die im vorangegangenen Unterkapitel angesprochene Kundenzufriedenheit integrieren. Betrachtet man ferner die Risikodimension des Kundenwertes, so findet auch das Kundenabwanderungsrisiko seine Berücksichtigung in der Kundenwertanalyse und trägt somit zu einer erhöhten Prognosegenauigkeit bei.

---

[209] Vgl. Klug/Dastani (2016), S. 104 f.

[210] Vgl. Losch/Müller (2014), S. 500-506.

[211] Vgl. Palloks-Kahlen (2006), S. 295.

[212] Vgl. Krafft (2005), S. 7 f.

4.1.4 Preiscontrolling

Neben verschiedenen Formen des Kundencontrollings ist auch das Preiscontrolling ein Bestandteil des Vertriebscontrollings. Dabei übernimmt das Vertriebscontrolling, abgesehen von seiner Informationsversorgungfunktion bei Preisverhandlungen, eine Kontroll- und Steuerungsfunktion hinsichtlich der Preisgestaltung und deren Einfluss auf die Größen Umsatz, Absatzmenge und Marge. Für die Effektivität des Preiscontrollings ist es ausschlaggebend, dass die Informationen die Vertriebsmitarbeiter zeitnah und in einem angemessenen Detaillierungsgrad erreichen. Gleichzeitig lassen sich jedoch Schwachstellen beim Kenntnisstand über tatsächlich realisierte Preise und deren Abweichungsgründe von den Planwerten feststellen.[213] So kommt es nicht selten vor, dass die Preise und Konditionen in der Praxis weiterhin primär nach dem subjektiven Empfinden des Vertriebsmitarbeiters festgelegt werden. Dies kann zu einer fehlerhaften Preisansetzung, bei der Preise und Konditionen entweder zu niedrig oder zu hoch veranschlagt werden, führen.[214]

Um dies zu vermeiden, kann Big Data Analytics für ein Monitoring im Sinne einer Trend-Beobachtung eingesetzt werden. Dies soll dazu dienen Informationen zu gewinnen, die eine dynamische Preisoptimierung ermöglichen.[215] Als Anwendungsbeispiel dient die Angebotserstellung für Leasingfahrzeuge. Für die Kalkulation der optimalen Leasingrate ist hier eine genaue Kenntnis des später erzielbaren Verkaufspreises und der Standzeit zwischen Rücknahme und Verkauf des Fahrzeugs erforderlich. Diese Werte sind maßgeblich durch die Ausstattungsmerkmale und den Standort des Fahrzeugs determiniert. Um ein optimales Angebot zu erstellen, kann hier auf ein detailliertes Monitoring von Angeboten auf Verkaufsplattformen zurückgegriffen werden, wodurch sich der erzielbare Verkaufspreis für den Händler und damit die Leasingrate zielgenauer bestimmen lässt.[216]

Ein weiterer Analysebereich des Preiscontrollings ist der Cash Flow, worunter auch die Zahlungsziele und das damit verbundene Zahlungsverhalten der Kunden zu zählen sind.[217] Darüber hinaus schließt dies auch die Bestimmung von Risiken für

---

213 Vgl. Sebastian et al. (2009), S. 60-64.

214 Vgl. Hillenbrand et al. (2013), S. 10.

215 Vgl. Gentsch/Kulpa (2016), S. 36.

216 Vgl. Weichel/Herrmann (2016), S. 14.

217 Vgl. Krügerke (2009), S. 27; Sebastian et al. (2009), S. 64.

den Vertrieb mit ein.[218] Hierbei ermöglicht der Einsatz von Big Data Analytics, neben einer besseren Prognose des Cash Flows,[219] auch neue Erkenntnisgewinne zum Zahlungsverhalten. Dazu wird zunächst das Zahlungsverhalten der Kunden auf Grundlage von Geschäftsdaten aus der Vergangenheit analysiert. Das Ergebnis ist eine, auf dem individuellen Zahlungsverhalten basierende, transparente Kundensegmentierung. In einem weiteren Schritt kann die Segmentierung sowohl mit internen als auch mit externen Daten angereichert werden. Externe Daten stellen beispielweise Markt- und Geo-Daten dar, die Informationen zur Kaufkraft der Kunden beinhalten. Weiterhin können auch Informationen aus dem Social Media-Bereich, die Hinweise auf mögliche Zahlungsverzögerungen und –ausfälle liefern, integriert werden, um so eine tiefergehende Analyse des Zahlungsverhaltens zu erlauben. Diese liefert damit geeignete Erkenntnisse, um das Forderungsmanagement zu optimieren[220] und um optimale kundenindividuelle Zahlungsziele im Rahmen von Preisverhandlungen zu definieren.

In Zusammenhang mit der Kontrollfunktion ermöglicht der Einsatz von Big Data Analytics auch eine Auswertung der Preisdurchsetzung, die sich durch eine hohe Granularität auszeichnet. Die Analysen liefern Ergebnisse, die sich nach Merkmalen wie Kunde, Produkt und Bestellung aufgliedern lassen. Damit lassen sich sowohl Unregelmäßigkeiten und deren Ursachen, als auch bislang noch nicht genutzte Potenziale bei der Preisdurchsetzung identifizieren. Auf der Basis dieser Erkenntnisse kann das Vertriebscontrolling dem Vertriebsbereich geeignete Handlungsoptionen empfehlen.[221]

4.1.5 Vertriebsstandortanalyse

Die durch das Vertriebscontrolling durchgeführten Erfolgsrechnungen liefern Informationen zum erzielten Vertriebserfolg. Dieser wird neben Kosten- und Erlösgrößen auch durch markt- und standortspezifische Faktoren beeinflusst. Da diese Faktoren in der Erfolgsrechnung nicht betrachtet werden können,[222] lassen sich auf Basis dieser Grundlage für die Steuerung der Vertriebsgebiete und -

---

218 Vgl. Kühnapfel (2017), S. 183 f.

219 Vgl. Buschbacher (2016), S. 43.

220 Vgl. Weichel/Herrmann (2016), S. 11 f.

221 Vgl. Lips/Horvath (2016), S. 515 f.

222 Vgl. Möbus (2000), S. 303.

standorte nur bedingt fundierte Entscheidungen treffen. Eine im Vertriebscontrolling verwendete Analyse, die unter anderem diese Faktoren näher betrachtet, ist die Gebietsanalyse. In diese fließen sowohl Unternehmensdaten als auch entsprechende Daten zum Marktpotenzial und zum Wettbewerb mit ein.[223] Beide letztgenannten Datenkategorien sollten mit integriert werden, wenn es um die Effektivität und Effizienz von vertrieblichen Abläufen geht,[224] wie dies auch für die Analyse von Vertriebsgebieten und –standorten interessant sein kann.

Ein Anwendungsfall aus der Praxis der Wirtschaftsprüfungs- und Beratungsgesellschaft *KPMG (2014)* zeigt, wie der Einsatz von Big Data Analytics eine solche Analyse, in diesem Fall auf Vertriebsstandortebene, verbessern und somit neue Erkenntnisse liefern kann. Das Ziel dabei ist, detaillierte Antworten auf Fragen zur Performance im Vergleich zur Konkurrenz, zur zukünftigen Entwicklung und zur Bedeutung des Standortes im Vertriebsnetz zu finden. Im Rahmen einer derartigen Analyse werden Daten aus unterschiedlichsten Quellen zusammengeführt. Der Fokus liegt dabei auf der Verarbeitung und Einbindung von Geo-, Markt- und Makrodaten. Bei diesen handelt es sich beispielsweise um Daten zur Bevölkerungsdichte, zum Einkommen der Bewohner oder um standortbezogene Daten der direkten Wettbewerber. In Kombination mit internen Unternehmensdaten lassen sich so Aussagen zum im Verkaufsgebiet zu erwartenden Absatzpotenzial treffen. Darüber hinaus wird es durch die leistungsfähigen Verfahren möglich, die Auswertungen in einer größeren Detailtiefe als bislang durchzuführen. So erfolgt, statt einer Betrachtung von mehreren Standorten aggregiert in einem Vertriebsgebiet, eine hochgranulare Auswertung auf Einzelstandortebene.[225]

Insgesamt liefert die Anwendung von Big Data Analytics im Zusammenhang mit einer Vertriebsstandortanalyse die Möglichkeit, vorliegende Potenziale zu identifizieren und Schwachstellen, insbesondere auch im Vergleich zur Konkurrenz, aufzudecken. Somit wird eine detaillierte Grundlage geschaffen, um eine zielgerichtete Steuerung der einzelnen Standorte zu gewährleisten.[226]

---

[223] Vgl. Becker (2001), S. 148 f.

[224] Vgl. Linnelücke (2009), S. 21.

[225] Vgl. KPMG (2014), S. 16.

[226] Vgl. KPMG (2014), S. 17.

4.2 Auswirkungen von Big Data Analytics auf die Vertriebsprozesse

4.2.1 Effektiveres und effizienteres Vertriebscontrolling

Die vorangegangenen Anwendungsbeispiele zeigen wie der Einsatz von Big Data Analytics im konkreten Fall für spezielle Instrumente des Vertriebscontrollings aussehen kann. In der Folge ergeben sich auch Nebeneffekte auf damit in Beziehung stehende Instrumente und auf das Vertriebscontrolling als solches. Eine sich durch Big Data Analytics ergebende Veränderung, vielleicht die offensichtlichste, ist die bezüglich der herangezogenen Datenquellen und der verarbeitenden Datenarten. Auch wenn die vorrangige Quelle immer noch die Kosten- und Leistungsrechnung bleibt,[227] so steigt jedoch der Anteil an externen Quellen, die zu Analysezwecken herangezogen werden. Aber auch interne Datenquellen, die zuvor keine oder nur eine untergeordnete Rolle für das Vertriebscontrolling spielten, werden durch den Einsatz von Big Data Analytics nun interessant. Als Beispiel dient hier etwa der Einsatz von Text Analytics, wodurch nun auch verstärkt textuelle Daten auf ihren Informationsgehalt hin untersucht werden. Insgesamt steigt bei der Verarbeitung der Anteil an semi-strukturierten und unstrukturierten Daten.

Im Rahmen der Vertriebsplanung lassen sich für das Controlling mit dem Einsatz von Big Data Analytics die Planungen verfeinern. Dadurch, dass eine größere Anzahl an Daten, die über eine heterogene Datenstruktur verfügen, in die Modelle integrierbar sind, lassen sich nun zuvor nicht abbildbare Wechselwirkungen in die Analysen miteinbeziehen. Dies führt dazu, dass sich die Prognosegüte und die Qualität der Auswertungen verbessert.[228] Dabei lassen sich diese Effekte erreichen ohne dass ein Mehraufwand entsteht. Dank einer stärkeren Automatisierung ist sogar das Gegenteil der Fall, sodass weniger manuelle Arbeitsschritte notwendig sind.[229] Die gewonnene Zeit in Kombination mit den verbesserten Ergebnissen bietet dem Vertriebscontrolling neue Chancen. Dadurch wird es möglich, mehr Zeit in die Ableitung von Implikationen für die vertriebliche Planung zu investieren und diese somit noch besser auf die Herausforderungen eines volatilen Marktumfelds abzustimmen.

---

[227] Vgl. Hünerberg (2017), S. 348.

[228] Vgl. Willmes et al. (2015), S. 259.

[229] Vgl. Nobach (2019), S. 259.

Ebenso wie die Vertriebsplanung profitiert auch der Bereich der Vertriebskontrolle. Vorteile ergeben sich unter anderem in der Granularität der Auswertungen, welche sich unter Verwendung von Big Data Analytics steigern lässt.[230] Durch die Nutzung der Gesamtheit der zur Verfügung stehenden Daten und nicht nur einzelner Datentöpfe, werden verfeinerte Auswertungen möglich. In der Folge lassen sich die Ursachen für erkannte Abweichungen zwischen Plan- und Ist-Werten leichter ermitteln und genauer benennen.[231] Zudem zeigen sich positive Auswirkungen der Geschwindigkeit der Durchführung. Die Analysen lassen sich schneller als zuvor, teilweise sogar in Echtzeit, durchführen.[232] Dadurch ist das Vertriebscontrolling in der Lage, zeitnah ungewünschte Abweichungen zu identifizieren und in einem zweiten Schritt geeignete korrektive Gegenmaßnahmen zu ergreifen.[233] Die Ausführungen zu Anwendungen im Bereich der Vertriebskontrolle sind jedoch weitestgehend eher oberflächlich. Konkrete Einsatzpotenziale für den Vertriebsbereich oder gar Anwendungsbeispiele aus der Praxis lassen sich in der wissenschaftlichen Literatur kaum finden.

Mit dem Einsatz von Big Data Analytics ergeben sich darüber hinaus auch positive Effekte auf die Informationsversorgung. Die Bereitstellung von Informationen für den Vertrieb lässt sich effizienter durchführen. Wurden zuvor teilweise auch schon nicht-finanzielle Marktinformationen miteingebunden, so lässt sich dies nun ausbauen, da Prozesse standardisiert ablaufen und in der Folge der damit verbundene ressourcen- und zeitbezogene Aufwand reduziert wird.[234] Auch lässt sich die bestehende Kritik an der in der Praxis herrschenden primären Vergangenheitsorientierung des Vertriebscontrollings[235] durch Big Data Analytics zu einem Teil entkräften. Der Grund dafür ist, dass sich die über das Reporting zur Verfügung gestellten Informationen ändern. Das Reporting wird insgesamt weniger rückwärtsgewandt und richtet sich anstatt dessen stärker an zukünftigen Entwicklungen aus,[236] was sich beispielsweise am vermehrten Einsatz von Frühwarnindikatoren zeigt. Neben den Inhalten ergeben sich durch die neuen technischen Möglichkeiten auch

---

230 Vgl. Lips/Horváth (2016), S. 516.

231 Vgl. Buschbacher (2016), S. 43.

232 Vgl. Weichel/Hermann (2016), S. 10 f.

233 Vgl. Möller et al. (2016), S. 516.

234 Vgl. Lips/Horváth (2016), S. 513.

235 Vgl. Pufahl (2014), S. 2.

236 Vgl. Gräf et al. (2017), S. 60.

Auswirkungen auf die Darstellungsformen. Dabei werden traditionelle Darstellungsformen stärker durch neue Formen der Visualisierung ersetzt werden.[237] Insgesamt ergibt sich dadurch ein aktuelleres und aussagekräftigeres Reporting.[238] Darüber hinaus wird davon ausgegangen, dass das Reporting sich in Zukunft stärker in zwei unterschiedliche Bereiche aufteilen wird: zum einen in das Ergebniskontroll-Reporting und zum anderen in das Steuerungsreporting.[239]

Zuletzt ist im Zusammenhang mit Big Data Analytics eine Verbesserung der Entscheidungsunterstützung realisierbar. Dank der Einbeziehung von mehr Daten, insbesondere auch von solchen aus externen Quellen, lassen sich Informationen bereitstellen, welche die Entwicklungen und Prozesse im Vertrieb besser nachvollziehen und vorhersagen lassen.[240] Dabei bleibt mit dem Einsatz von statistischen Modellen eine Unsicherheit, etwa in Form einer Varianz zurück, welche fortan eine zusätzlich zu berücksichtigende Komponente der Entscheidungsunterstützung und –findung ist.[241]

4.2.2 Mehrwert für den Vertrieb durch eine verbesserte Informationsversorgung

Die neuen Erkenntnisse und Effizienzgewinne, die das Vertriebscontrolling durch den Einsatz von Big Data Analytics erreicht, lassen auch die gesamte Vertriebsabteilung von diesen Vorteilen profitieren. Wie zu Beginn des zweiten Kapitels skizziert, kämpft der Vertrieb in den letzten Jahren an unterschiedlichen Fronten, um seine Stellung zu behaupten. Eine der Herausforderungen dabei ist, dass die Kunden anspruchsvoller werden und immer schneller dazu bereit sind, den Anbieter, bei dem sie das Produkt oder die Dienstleistung beziehen, zu wechseln. Als eine Antwort darauf orientiert sich der Vertrieb im Rahmen des Customer Relationship Managements am Kundenwert, der aus Unternehmenssicht ein wichtiges kundenbezogenes Merkmal darstellt.

Dieser lässt sich, durch die Verwendung von Big Data Analytics und einer daraus profitierenden Kundensegmentierung, steigern.[242] Mit den Informationen aus der

---

[237] Vgl. Losbichler/Gänßlen (2018), S. 35.

[238] Vgl. Weichel/Herrmann (2016), S. 10.

[239] Vgl. Kirchmann et al. (2016), S. 29.

[240] Vgl. Möller/Pieper (2015), S. 43.

[241] Vgl. Engelbergs (2016), S. 10.

[242] Vgl. Möhring et al. (2013), S. 197.

Kundenabwanderungsanalyse ist der Vertrieb in der Lage frühzeitig auf abwanderungswillige Kunden zuzugehen. Auf diese Weise lassen sich proaktive Maßnahmen, welche negativen Entwicklungen entgegensteuern sollen, noch eher als zuvor initiieren.[243] Mit Hilfe der zusätzlichen Informationen, die sich aus der Analyse von Daten unterschiedlichster Quellen ergeben, ist eine verbesserte Kundensegmentierung möglich. Diese muss nun nicht mehr wie so häufig auf aggregierter Ebene stattfinden, sondern kann anstatt dessen bis auf Einzelkundenebene ausgeweitet und verfeinert werden.[244] Dies ermöglicht das dem Kunden vorgeschlagene Produkt- oder Dienstleistungsangebot, unter Berücksichtigung individueller und sich rasch ändernder Bedürfnisse, entsprechend anzupassen. Je nach Einzelfall geht dies weiter bis hin zu Veränderungen des Produkt- oder Dienstleistungsprogramms, das sich auf Basis der individuellen Präferenzen einzelner Kundensegmente anpassen lässt.[245] Dabei lassen sich durch diese Maßnahmen nicht nur wirtschaftliche Größen wie Deckungsbeitrag und Umsatz steigern,[246] sondern als Nebeneffekt mitunter auch Kostensenkungen für den Vertriebsbereich realisieren.[247] Insgesamt kann eine Weiterentwicklung von produkt- hin zu kundenorientierten Vertriebsmaßnahmen beobachtet werden, bei denen der einzelne Kunde im Mittelpunkt der Überlegungen steht.[248]

Somit profitiert insbesondere das Kundenbindungsmanagement, welches ein wesentlicher Teil des Customer Relationship Managements ist, vom Einsatz neuer Analysemethoden. Sowohl Maßnahmen in Verbindung mit dem Cross- und Up-Selling als auch solche, die auf die Bindung von abwanderungsgefährdeten Kunden abzielen, lassen sich durch die zusätzlichen Informationen, die dem Vertrieb zur Verfügung gestellt werden, besser steuern. Schließlich lassen sich dadurch die vertrieblichen Prozesse noch stärker als zuvor am Kunden ausrichten, sodass insgesamt das Customer Relationship Management als solches positiv durch die Nutzung von Big Data Analytics beeinflusst wird.

---

[243] Vgl. Kieninger et al. (2016), S. 245.

[244] Vgl. Mehanna/Rabe (2014), S. 79.

[245] Vgl. Tiefenbacher/Olbrich (2018), S. 132-134.

[246] Vgl. Dastani (2016), S. 67.

[247] Vgl. Schmäh et al. (2018), S. 43.

[248] Vgl. Gronwald (2017), S. 54.

Als eine weitere Herausforderung, neben den anspruchsvolleren Kunden und dem intensiven Wettbewerb, wurden zu Beginn des zweiten Kapitels die hohen Kosten im Vertrieb genannt. Ein Grund dafür ist der relativ hohe Ressourceneinsatz. Mit jenen Ressourcen wird verschwenderisch umgegangen, sofern eine undifferenzierte Zuordnung der Vertriebsmitarbeiter auf die Kunden vorgenommen wird.[249] Eine Möglichkeit, die Vertriebsressourcen bedarfsgerecht zu steuern, ist die Orientierung am Sales Forecast. Durch die Orientierung an der Prognose lässt sich auf Regional-, Kundensegment- und Einzelkundenebene besser einschätzen, welcher Betreuungsbedarf besteht. Darüber wird es möglich etwa bestimmte Absatzwege zu priorisieren und eine zielgerichtete Einteilung der Vertriebskapazitäten zu erreichen.[250] Auf Einzelkundenebene spielt dabei zudem auch der Kundenwert eine Rolle. Prinzipiell sollten die knappen Ressourcen denjenigen Kunden zugeordnet werden, welche das größte Potenzial versprechen. Es gilt diese Kunden zu identifizieren und über geeignete Maßnahmen eine hohe Kundenbindung zu erreichen.[251] Über die verbesserte Bestimmung des Kundenwerts kann der Vertrieb hierbei seine Kapazitäten besser planen und schlussendlich differenzierter als zuvor einsetzen.[252] Auf diese Weise wird vermieden, dass es zu einer unbemerkten Verschwendung von Vertriebsressourcen kommt, weil beispielsweise Kunden mit einem niedrigen Potenzial ebenso intensiv betreut werden wie Kunden mit einem hohen Potenzial. Damit bietet der Einsatz von Big Data Analytics dem Vertrieb eine geeignete Möglichkeit, über eine verbesserte Steuerung der Vertriebsressourcen, Effizienzsteigerungen zu realisieren und somit den entsprechenden Forderungen der Unternehmensführung gerecht zu werden.

---

[249] Vgl. Heberer (2004), S. 178.

[250] Vgl. Lips/Mühlen (2018), S. 14.

[251] Vgl. Lohse (2000), S. 273.

[252] Vgl. Weiss (2012), S. 31.

4.2.3 Herausforderungen im Umgang mit Big Data Analytics im Vertrieb

Mit dem Einsatz von Big Data Analytics sind, neben den sich daraus ergebenden positiven Effekten, auch einige Herausforderungen für die Unternehmen verbunden. Ist es bei primär statistisch orientierten Verfahren nötig eine ausreichende Datenquantität zu gewährleisten, so kommt auch der Qualität der Daten eine entscheidende Bedeutung zu.[253] Der alleinige Fokus auf die Anzahl der verarbeiteten Daten führt nämlich nicht unmittelbar zu qualitativ höherwertigen Analyseergebnissen und damit zu einer besseren Entscheidungsunterstützung. Mitunter lässt sich sogar, insbesondere wenn der Datenqualität keinerlei Beachtung geschenkt wird, das Gegenteil beobachten.[254] Bei der Datenqualität handelt es sich um das bereits im dritten Kapitel genannte vierte Merkmal von Big Data, die Veracity.[255] Die Datenqualität stellt die Grundlage dafür dar, dass die unterschiedlichen Analysen treffsichere und verwertbare Ergebnisse für die Anwender liefern.[256] Andernfalls können sich Mängel in der Qualität der verarbeiteten Daten auch im Marketing- und Vertriebsbereich negativ auswirken. Mögliche Folgen sind etwa eine Verschlechterung der Kundenzufriedenheit und eine damit verbundene höhere Abwanderungsrate sowie Budgetüberschreitungen und entgangene Einnahmen.[257]

Die in der Praxis beobachtbaren Probleme mit der Sicherstellung der Datenqualität werden als einer der Gründe dafür gesehen, dass Unternehmen damit zögern die neuen Möglichkeiten von Big Data Analytics zu nutzen.[258] Dass die Qualität der Daten gerade im Zusammenhang mit Big Data Analytics in den Fokus rückt, liegt unter anderem darin begründet, dass diese Form von Analysen stärker automatisiert sind und die steigende Komplexität es für den Anwender nahezu unmöglich macht, seine regulative Rolle wahrzunehmen. Dabei besteht die Gefahr, dass Analyseergebnisse durch den Anwender übernommen werden, ohne dass hinterfragt wird, auf welcher Grundlage diese aufsetzen.[259]

---

[253] Vgl. Feindt/Grüßing (2014), S. 186.

[254] Vgl. Buhl et al. (2013), S. 26.

[255] Vgl. Baumöl/Berlitz (2014), S. 165.

[256] Vgl. Egle/Keimer (2018), S. 64 f.

[257] Vgl. Klier/Heinrich (2016a), S. 14; Leußer et al. (2011b), S. 751.

[258] Vgl. Gronau et al. (2016), S. 477.

[259] Vgl. Klier/Heinrich (2016b), S. 488.

Bei der Datenqualität lassen sich unterschiedliche Dimensionen unterscheiden. Häufig genannte Dimensionen sind etwa die Vollständigkeit, die Korrektheit und die Aktualität von Daten.[260] Die Vollständigkeit der Daten gilt als eine der bedeutsamsten Dimensionen und ist für den Fall gegeben, dass es keinerlei fehlende Werte im Datensatz gibt. Ein Datensatz, der komplett ist, muss aber nicht zwangsläufig die Eigenschaft der Korrektheit erfüllen. Diese ist erst dann gewährleistet, wenn die Daten sowohl aus technischer als auch inhaltlicher Sicht korrekt sind. Demnach muss es sich um einen technisch erlaubten Wert handeln, welcher identisch mit dem realen Wert ist. Zuletzt lassen sich Daten als aktuell klassifizieren, wenn sie den Gegenwartszustand beschreiben. Je schneller die Daten im System den Ausprägungen der realen Welt entsprechen, desto höher ist ihr Aktualitätsgrad. Mit der Echtzeit-Eigenschaft von Daten wird dabei der höchstmögliche Aktualitätsgrad beschrieben.[261] Dieser lässt sich gleichwohl nicht immer erreichen und auch die anderen Qualitätsdimensionen lassen sich nicht ohne weiteres konstant auf Maximalniveau halten. Daher ist es erforderlich realistische Zielvorgaben zu definieren. Diese sollen einerseits mit einem leistbaren Aufwand verbunden sein und andererseits eine ausreichende Ergebnisqualität gewährleisten.[262]

Ist die Datenqualität und damit auch die Güte der Analyseergebnisse sichergestellt, ergibt sich mit der korrekten Interpretation der Ergebnisse eine weitere Herausforderung. Auch wenn die Verfahren schon zu großen Teilen automatisiert sind, obliegt es weitestgehend immer noch dem Anwender die Ergebnisse zu deuten und daraus geeignete Maßnahmen abzuleiten. Jedoch besteht insbesondere bei den statistischen Modellen die Gefahr, dass es zu Fehldeutungen kommt. Darauf basierende Entscheidungen können sich infolgedessen negativ auf den Geschäftserfolg auswirken. Dementsprechend ist der Einsatz von Big Data Analytics aus unternehmerischer Perspektive erst dann sinnvoll, wenn eine fehlerfreie Ergebnisinterpretation gewährleistet werden kann.[263] In diesem Zusammenhang stellt auch die Qualifikation der Anwender im Unternehmen eine immer wieder hervorgehobene Herausforderung dar. Dabei wird es kritisch gesehen, dass Unternehmen bereits Probleme bei der Integration und Verarbeitung von Daten abseits von Big Data

---

[260] Darüber hinaus gibt es auch noch weitere Dimension wie die Konsistenz, die Nachvollziehbarkeit und die Redundanzfreiheit der Daten (vgl. Gürster/Spaar (2017), S. 33).

[261] Vgl. Seiter (2017), S. 74 f.

[262] Vgl. Gürster/Spaar (2017), S. 33.

[263] Vgl. Buschbacher et al. (2014), S. 103.

haben.[264] Damit eine zielgerichtete Anwendung von Big Data Analytics sicherge-stellt werden kann, bedarf es entsprechender Kenntnisse. Andernfalls kann nicht gewährleistet werden, dass die Analyseergebnisse und die daraus resultierenden Entscheidungen qualitativ hochwertig sind. Demzufolge bedarf es dazu einer Wei-terentwicklung der Fähigkeiten und Fertigkeiten der Anwender.[265]

---

[264] Vgl. Krämer/Tachilzik (2016), S. 82.
[265] Vgl. Gronau et al. (2016), S. 477 f.

5 Arbeit und Anforderungsprofil des Controllers im Wandel

Diese Weiterentwicklung des Vertriebscontrollers soll in diesem Kapitel näher beleuchtet werden. Dabei steht insbesondere die Zusammenarbeit des Controllers mit dem Data Scientist und dem Vertriebsmanagement im Mittelpunkt. Diese haben sowohl Einfluss auf die Arbeit und deren Schwerpunkte, als auch auf die Kompetenzen des Vertriebscontrollers, die in diesem Zusammenhang nötig sind.

5.1 Rollenverständnis des Vertriebscontrollers

5.1.1 Verhältnis von Vertriebscontroller und Data Scientist

Im bisherigen Verlauf der vorliegenden Arbeit wurde bereits deutlich, dass der Einsatz von Big Data Analytics in vielerlei Hinsicht Veränderungen mit sich bringt. Eine dieser Veränderungen ist verbunden mit dem intensiveren Rückgriff auf sowohl etablierte als auch auf neu entwickelte mathematisch-statistische Modelle. Der Einsatz solcher Modelle ist jedoch per se erst einmal nichts Neues, weil auch im Rahmen von Business Intelligence-Anwendungen mit entsprechenden Ansätzen gearbeitet wird. Neu hingegen ist die gestiegene Komplexität, durch die sich die eingesetzten Analysemodelle auszeichnen. Weiterhin ergeben sich auch Veränderungen durch die Integration neuer Datenquellen. So gewinnt im Zusammenhang mit Big Data Analytics auch die informationstechnologische Komponente eine stärkere Bedeutung als zuvor.

Es wird deutlich, dass die Arbeit mit diesen Verfahren nicht ohne weiteres für jeden Mitarbeiter im Unternehmen möglich ist. Dabei hat sich in jüngster Vergangenheit angesichts dieser Herausforderungen ein Berufsbild herauskristallisiert, welches eng mit dem Themengebiet Big Data verbunden ist. Bei diesem handelt es sich um den sogenannten Data Scientist, welcher mitunter auch als „[...] sexiest job of the 21st century [...]"[266] bezeichnet wird. Der Data Scientist hat üblicherweise einen Ausbildungshintergrund aus den Bereichen der Mathematik, Statistik, Physik oder Informatik.[267] Damit verfügt er über umfangreiche Kenntnisse und Erfahrungen in für Big Data Analytics relevanten mathematisch-statistischen und informationstechnologischen Themengebieten. Dies sind beispielsweise Methoden wie Machine Learning und Natural Language Processing oder Komponenten wie das Hadoop-

---

[266] Davenport/Patil (2012), S. 70.

[267] Vgl. Mehanna et al. (2018), S. 39; Stockinger et al. (2016), S. 64.

System.[268] Eine seiner Aufgaben ist es, neue IT-Anwendungen und Analysen zu entwickeln. Dabei liegt auch die Modell- und Strukturdefinition, die für die Erstellung neuer Analyseformen erforderlich sind, in seiner Verantwortung. Ebenso führt er die Analysen durch und stellt die gewonnenen Informationen, die keinen primären betriebswirtschaftlichen Schwerpunkt haben, den Entscheidungsträgern zur Verfügung.[269] Auch wenn es Ähnlichkeiten, teilweise auch Überschneidungen, in den Kompetenzprofilen und Aufgabenbereichen von Data Scientists und Controllern gibt, ist der Data Scientist kein neuer Controller. In Abgrenzung zu diesem lässt er in seiner methodisch geprägten Arbeit einen konkreten betriebswirtschaftlichen Blickwinkel vermissen.[270] Seine Arbeit zielt darauf ab, die internen und externen Datenbestände auf für die Unternehmenssteuerung relevante Zusammenhänge zu untersuchen. Dem Controlling obliegt hingegen primär die Ergebnisinterpretation.[271] Beide Seiten arbeiten somit gemeinsam als Team, ergänzen sich und schaffen damit die Grundlage dafür, eine geeignete Entscheidungsunterstützung für das Management zu liefern.[272]

Damit dies gelingt, ist der Vertriebscontroller gefordert sich weiterzuentwickeln. Dies gilt sowohl für die soziale als auch für die methodisch-technische Perspektive.[273] Letzterer Teil steht dabei jedoch zunächst an erster Stelle, bedenkt man, dass aktuell die unzureichende Qualifikation der Mitarbeiter im analytischen Bereich das maßgebliche Hindernis bei der Anwendung von Big Data Analytics darstellt.[274] Dabei werden für die zielgerichtete Ausweitung der methodischen Kompetenzen primär zwei Bereiche als wichtig erachtet. Dies sind zum einen IT-Kenntnisse und zum anderen Kenntnisse der Statistik.[275]

Gerade im Bereich der Statistik scheint es einen Aufholbedarf zu geben, wird dieses Themengebiet doch tendenziell gerade als eine der Schwächen von Controllern gesehen.[276] Relevante Teilbereiche, auf die sich die Weiterbildungsmaßnahmen

---

[268] Vgl. Steiner/Welker (2016), S. 70.

[269] Vgl. Grönke/Heimel (2015), S. 246.

[270] Vgl. Horváth/Aschenbrücker (2014), S. 56-60.

[271] Vgl. Mehanna et al. (2015), S. 31.

[272] Vgl. Steiner/Welker (2016), S. 73.

[273] Vgl. Heupel/Lange (2019), S. 217.

[274] Vgl. Gronau (2016), S. 478.

[275] Vgl. Willmes et al. (2015), S. 261.

[276] Vgl. Steiner/Welker (2016), S. 71.

konzentrieren sollten, sind etwa die deskriptive, die induktive und die explorative Statistik.[277] Erst mit dem Erwerb entsprechender Kenntnisse in diesem Bereich wird der Controller dazu in die Lage versetzt, ein adäquates Verständnis für die Anwendungen und Prozesse aufzubauen, um somit die richtigen Schlüsse aus den Analysen ziehen zu können.[278] Darüber hinaus ist der Controller bei statistischen Analysen nun verstärkt mit Wahrscheinlichkeiten und Unsicherheiten in Ergebnissen konfrontiert. Weniger die exakte Erreichung von Prognosewerten als vielmehr die Orientierung an Zielkorridoren treten in den Vordergrund: ein Denkansatz, der bisher eine eher untergeordnete Rolle für den Controller gespielt hat. In diesem Zusammenhang gilt es für den Controller, den Umgang mit Unsicherheit zu erlernen und ein Trial-and-Error-Mindset zu entwickeln.[279]

5.1.2 Einsatz von Big Data Analytics als Enabler der Business Partner-Rolle

Dass sich die Arbeit des Vertriebscontrollers und die dafür benötigten Kenntnisse und Kompetenzen wandeln, zeigt sich nicht nur bei der Betrachtung der Zusammenarbeit mit dem Data Scientist. Darüber hinaus ergeben sich durch den Einsatz von Big Data Analytics auch Auswirkungen auf die Zusammenarbeit mit den Mitarbeitern der Vertriebsabteilung und dabei insbesondere mit dem Vertriebsmanagement. In diesem Zusammenhang findet man in der wissenschaftlichen Literatur immer wieder Beiträge, in denen die Rolle des Controllers diskutiert wird. Wie bereits im zweiten Kapitel angesprochen, hat sich dabei das Rollenverständnis in der Wissenschaft im Zuge der Digitalisierung in den letzten Jahren vom „Erbsenzähler" oder „Zahlenknecht" hin zum Business Partner gewandelt.[280] Mit Blick auf die Praxis wird aber auch deutlich, dass dieses Rollenverständnis des Controllers im Vertrieb noch nicht überall angekommen ist. So sieht die Vertriebsleitung den Controller in einigen Fällen eher noch mehr als Informationslieferanten, denn als Business Partner.[281]

Mit dem Einsatz von Big Data Analytics ergibt sich nun eine Möglichkeit, die Diskrepanz zwischen theoretisch-wissenschaftlichem und dem in der Praxis

---

[277] Vgl. Mödritscher/Wall (2017), S. 425 f.

[278] Vgl. Becker et al. (2018), S. 85.

[279] Vgl. Schäffer/Weber (2016), S. 15 f.

[280] Vgl. Seefried et al. (2015), S. 559.

[281] Vgl. Schulte-Oversohl (2014), S. 226.

anzutreffenden Rollenbild stärker anzugleichen. Man geht davon aus, dass die neuen Auswertungsmöglichkeiten und Erkenntnisse den Vertriebscontroller dazu befähigen, verstärkt die Rolle des Business Partners zu übernehmen und so seine Position zu festigen.[282] Ein Grund dafür ist, dass ein großer Teil der aufwandsintensiven Analysen nun automatisiert durchgeführt werden können. Dadurch fallen für den Controller wiederkehrende, arbeitsintensive Schritte weg, sodass freie Kapazitäten entstehen. Diese kann er unter anderem dazu nutzen, das Vertriebsmanagement sowohl intensiver als auch individueller zu beraten.[283]

Neben den Beiträgen, die das Rollenbild des Controllers als Business Partner thematisieren, gibt es auch solche die schon einen Schritt weiter gehen. Im Zusammenhang mit Big Data wird dabei darauf verwiesen, dass es sich beim Business Partner um ein überholtes Konzept handelt. So gibt es Äußerungen, dass sich aktuell eine Weiterentwicklung vom Business Partner hin zu einer neuen Rolle des Controllers vollzieht.[284] Dabei handelt es sich zum gegenwärtigen Zeitpunkt jedoch noch um eine nicht tiefergehend untersuchte Hypothese, weshalb der Fokus innerhalb dieses Kapitels rein auf dem Rollenbild des Business Partners liegen soll. Im Folgenden wird dabei näher darauf eingegangen, welche Aufgaben sich im Zusammenhang mit Big Data Analytics für den Controller als Business Partner ergeben und wie sich dies auf die dafür benötigten Kompetenzen auswirkt.

5.2 Neue Aufgaben und daraus resultierende Kompetenzanforderungen

5.2.1 Controller als antreibende Kraft für Veränderung im Vertrieb

In der Rolle als Business Partner hat der Vertriebscontroller dafür Sorge zu tragen, dass der Vertriebsbereich die Chancen, welche sich durch neue technologische Entwicklungen bieten, erkannt und genutzt werden. Es kommt nicht selten vor, dass Vertriebsmanager in diesem Zusammenhang Schwächen aufweisen, da sie Potenziale der Digitalisierung für ihren Verantwortungsbereich nicht unmittelbar erkennen.[285] Zudem führt eine mangelnde Sachkenntnis rund um Themen der Digitalisierung zu widersprüchlichen Situationen. Obwohl Manager neuen Technologien

---

[282] Vgl. Quinn (2014), S. 26.

[283] Vgl. Gadatsch et al. (2017), S. 74.

[284] Vgl. Spieler/Classen (2018), S. 54; Willmes et al. (2015), S. 261.

[285] Vgl. Jensen (2013), S. 18.

eine hohe Bedeutung für einen erfolgreichen Entwicklungsprozess des Unternehmens zusprechen, werden diese für den eigenen Bereich als nicht erforderlich erachtet.[286] In Anbetracht dieser Umstände kann der Controller eine Schlüsselrolle bei der Festlegung der digitalen Strategie übernehmen.[287] Ein Grund dafür ist, dass das Controlling als derjenige Bereich angesehen wird, in welchem die benötigten Informationen und Argumente vorliegen, um derartige Veränderungen zu initiieren. Somit wird dem Controller eine veränderungtreibende Funktion zugesprochen.[288]

Damit die Möglichkeiten der neuen Auswertungsverfahren im Vertrieb zum Einsatz kommen können, bedarf es im ersten Schritt einer Überzeugung des Vertriebsmanagements von der Sinnhaftigkeit und den Vorteilen der Verfahren. Schließlich ist es immer noch das Management, welches in letzter Instanz dafür verantwortlich ist, über eine Nutzung neuer Systeme zu entscheiden.[289] Hier liegt eine nicht zu unterschätzende Hürde für das Controlling, spielt unter den Vertriebsmitarbeitern doch die Berufserfahrung und das Bauchgefühl eine nicht unbedeutende Rolle.[290] In Verbindung damit kann ein Misstrauen gegenüber Analytics im Allgemeinen beobachtet werden. Es herrscht oftmals die Meinung, dass der Vertrieb ein Bereich ist, in dem der Mensch den Maschinen überlegen ist.[291] Mit den Ergebnissen und Handlungsempfehlungen von Big Data Analytics rückt dieser Denkansatz jedoch verstärkt in den Hintergrund. Somit muss der Controller im Vertrieb für Akzeptanz gegenüber den neuen Entwicklungen werben. Dies gelingt am besten, wenn die Mitarbeiter erkennen, dass sie durch die Veränderungen in die Lage versetzt werden, die eigene Leistung zu verbessern.[292] Dazu gilt es, die Beteiligten von Anfang an in den Transformationsprozess miteinzubeziehen. Durch die Involvierung und den Aufbau eines Verständnisses für Verfahren und Ergebnisse lässt sich die Akzeptanz und damit auch die Bereitschaft, altbewährte Prozesse weiterzuentwickeln, erhöhen.[293]

---

[286] Vgl. Biesel/Hame (2018), S. 4 f.

[287] Vgl. Schulze et al. (2018), S. 72.

[288] Vgl. Albert (2013), S. 135.

[289] Vgl. Elste (2016), S. 22.

[290] Vgl. Luck (2016), S. 568 f.

[291] Vgl. McKinsey (2015), S. 99 f.

[292] Vgl. Elste (2016), S. 22.

[293] Vgl. Biesel/Hame (2018), S. 100.

5.2.2 Zusammenarbeit zwischen Controller und Vertriebsmanagement

Ist beim Vertriebsmanagement erstmal eine ausreichende Akzeptanz für den Einsatz von Big Data Analytics geschaffen, so steht der Vertriebscontroller vor einer weiteren Herausforderung. Damit die Vertriebsleitung in einem komplexen und dynamischen Unternehmensumfeld die richtigen Entscheidungen treffen kann, muss das Vertriebscontrolling die gewonnenen Erkenntnisse in geeigneter Form zur Verfügung stellen. Den Ausgangspunkt dabei bildet das Reporting.[294] Durch Big Data ändert sich sowohl die Menge der präsentierten Informationen als auch deren Darstellungsform. Eine damit verbundene Begleiterscheinung ist, dass die übermittelten Inhalte möglicherweise zu einem Information Overload beim Berichtsempfänger führen.[295] Um dies zu verhindern, ist der Controller als Business Partner dazu angehalten in einen Dialog mit dem Vertriebsmanager zu treten. Dabei gilt es einerseits festzulegen, welche konkreten Fragestellungen sich durch die Analysen beantworten lassen sollen und welche Daten dafür zu berücksichtigen sind. Auf der anderen Seite sind jene Aspekte, die das Reporting Design betreffen, zu klären.

5.2.2.1 Datenauswahl und Festlegung der Analyseziele

Bei den Aspekten der Analyseziele und der geeigneten Datenauswahl geht es weniger darum, welche Bandbreite an Fragestellungen mit Big Data Analytics prinzipiell umsetzbar sind, sondern vielmehr darum, wo ein tatsächlicher Mehrwert für den Vertrieb gesehen wird.[296] Im Sinne des Bestrebens einen Information Overload zu vermeiden, sollen lediglich solche Informationen generiert und zur Verfügung gestellt werden, welche die Qualität des Entscheidungsprozesses erhöhen.[297] Da die Analyseverfahren unzählige Ansätze bieten, Antworten auf verschiedenste Fragestellungen in unterschiedlich tiefgehenden Granularitätsstufen zu finden, sind vorab die mit der Analyse verfolgten Ziele zu bestimmen. Bestenfalls werden gemeinsam mit dem Vertriebsmanagement in diesem Schritt zu testende Hypothesen aufgestellt.[298] Dabei ist es wichtig, dass der Controller gezielte Fragen an das Vertriebsmanagement stellt, so dass eine Bereitstellung von ausschließlich

---

[294] Vgl. Rachfall/Rachfall (2017), S. 10.

[295] Vgl. Müller-Seitz et al. (2016), S. 30.

[296] Vgl. Dastani (2016), S. 71.

[297] Vgl. Luck (2016), S. 574.

[298] Vgl. Engelbergs (2016), S. 10.

entscheidungsrelevanten Informationen gewährleistet werden kann.[299] Im Zuge der Festlegung der Analyseziele geht es darüber hinaus auch darum, gemeinsam mit dem Management diejenigen Daten zu identifizieren, welche für die Beantwortung der Fragestellung benötigt werden.[300] Dafür müssen diese Daten, falls nicht schon in der Vergangenheit bereits geschehen, als entscheidungsrelevant definiert werden. Wird dieser Schritt ausgelassen, finden diese Daten keinerlei Berücksichtigung durch die verarbeitenden Systeme. Im schlechtesten Fall werden dadurch auf Basis der bereitgestellten Reporting-Inhalte Entscheidungen getroffen und Maßnahmen eingeleitet, die nicht zwingend die beste Option für das Unternehmen darstellen.[301] Da die Hoheit über die Datenbestände, insbesondere solche mit Kundenbezug, oftmals im Vertrieb liegt,[302] ist hier die Zusammenarbeit zwischen Vertriebsmanagement und –controlling von Bedeutung.

5.2.2.2 Gemeinsame Entwicklung eines empfängergerechten Reporting-Designs

Wurden die Analyseziele und die Auswahl der dafür benötigten Daten abgestimmt, gilt es, sich Gedanken über das Reporting und die Bereitstellungsform der gewonnenen Informationen zu machen. Das Ziel des Reportings ist, dass das Management auf Basis von steuerungsrelevanten Informationen dazu befähigt wird, die richtigen Schlussfolgerungen zu ziehen und geeignete Maßnahmen einzuleiten. Durch die gestiegenen Datenmengen wird es jedoch schwieriger die Flut an Informationen zu verarbeiten. Diese müssen derart aufbereitet werden, dass das sie vom Empfänger ohne einer Gefahr der Überforderung aufgenommen werden können.[303]

Um dies zu gewährleisten ist der Controller gefordert den Austausch mit dem Berichtsempfänger zu suchen, um so den Status Quo zu erheben. Speziell geht es hier um die Visualisierung der in den Reports dargestellten Inhalte. Ist das Reporting-Design nicht auf den Empfänger ausgerichtet, können Fehlinterpretationen die Folge sein. Schlimmer noch: der Empfänger könnte im Extremfall seine Ablehnung gegenüber den Berichten äußern, indem er diese nicht verwendet und somit auch

---

[299] Vgl. Internationaler Controller Verein (2014), S. 22.

[300] Vgl. Gadatsch et al. (2017), S. 74.

[301]. Poschmann/Goldenstein (2018), S. 56.

[302] Vgl. Schäffer/Weber (2016), S. 9 f.

[303] Vgl. Gräf et al. (2017), S. 60.

die Informationen nicht in seinen Entscheidungsprozess miteinbezieht.[304] Eine Möglichkeit das Reporting-Design zu optimieren, ist der Einsatz von Eye-Tracking-Analysen. Durch sie lässt sich die Wahrnehmung des Berichtsempfängers nachvollziehen. In der Folge kann die Identifikation von problematischen und potenziell verbesserungsbringenden Gestaltungsmerkmalen erleichtert werden. So liefern Eye-Tracking-Analysen Hinweise darauf, welche Visualisierungsformen sich für die Vermittlung bestimmter Informationen eignen.[305] Neben dieser Möglichkeit das Reporting-Design zu optimieren, sollte der Controller zudem in einen direkten Dialog mit dem Vertriebsmanager treten. Dabei gilt es zu eruieren, welche persönlichen Anforderungen der Manager aus seiner Sicht hat. Diese sind mit dem Ziel der Standardisierung des Reportings in Einklang zu bringen, um so im besten Fall eine für beide Seiten optimale Visualisierungssprache auszuarbeiten.[306]

5.2.2.3 Unterstützung bei Ergebnisinterpretation und Entscheidungsfindung

Sind Reporting-Inhalte und Reporting-Design aufeinander abgestimmt, kann der Vertriebsmanager durch die neuen technischen Entwicklungen Reports auf Knopfdruck anfordern. Daher stellt sich die Frage, inwiefern der Controller noch dem Management zur Seite stehen muss, wenn sich durch Big Data Analytics automatisierte Analysen erstellen lassen, deren Ergebnisse teilweise bereits konkrete Handlungsempfehlungen mitliefern.

Die Aufgabe des Vertriebscontrollers wird deutlich, wenn man die sich wandelnden Umstände, unter denen die Manager Entscheidungen treffen müssen, berücksichtigt. Mit der voranschreitenden Digitalisierung wird die Unternehmenswelt vielschichtiger und unsicherer.[307] Gleichzeitig zeichnen sich die Analysemodelle und auch die damit verbundene Ergebnisinterpretation durch eine zunehmende Komplexität aus. Die Problematik, dass Manager bereits vor der Ära von Big Data Probleme im Umgang mit den vorhandenen Datenbeständen hatten,[308] verschärft sich noch mit den aktuellen Entwicklungen. So sieht sich der überwiegende Teil auf Managementebene mit den zur Verfügung gestellten Daten derart überfordert, dass

---

[304] Vgl. Krings/Kustner (2016), S. 37 f.

[305] Vgl. Losbichler et al. (2017), S. 70.

[306] Vgl. Hagen et al. (2017), S. 20.

[307] Vgl. Müller-Seitz et al. (2016), S. 29.

[308] Vgl. Grönke et al. (2014), S. 80.

dadurch der Entscheidungsprozess negativ beeinflusst wird.[309] Somit wird der Controller in seiner Funktion als Business Partner durch den Einsatz von Big Data Analytics vermehrt beratend tätig.[310] Die Beratungstätigkeit zielt darauf ab, den Berichtsempfänger im Sinne einer Schulung die Inhalte und deren Zustandekommen zu erläutern. Der Unterrichtete soll ein Verständnis dafür entwickeln, wie sich Veränderungen einzelner Parameter auf andere Kenngrößen auswirken. Dieses Verständnis bildet unteranderem die Grundlage dafür, dass der Empfänger den Inhalten vertraut und diese somit schließlich auch in den Entscheidungsprozess miteinbezieht.[311] Da alleinig getroffene Entscheidungen des Managements in einem volatilen Unternehmensumfeld nur bedingt vertretbar sind,[312] wird der Controller auch verstärkt in den Entscheidungsprozess miteinbezogen.[313] Gleichzeitig bedeutet die Rolle des Business Partners auch, dass der Controller eine Art Counterpart-Funktion gegenüber dem Vertriebsmanagement einnimmt. Dabei soll er sich, falls nötig, auch gegen die Entscheidung des Managements stellen.[314] Dadurch soll sichergestellt werden, dass unter der zunehmend komplexeren Entscheidungssituation unprofitable Handlungen des Managements unterbunden werden. Insgesamt betrachtet bekommt das Controlling jedoch durch die Business Partner-Rolle einen stärker unterstützenden Charakter, während der zuvor häufig dominante kontrollierende Charakter mehr und mehr in den Hintergrund tritt.[315]

5.2.3 Notwendigkeit einer Erweiterung der Kompetenzen

Wie in den vorangegangenen Ausführungen gesehen, sind die Aufgaben des Controllers als Business Partner im Zusammenhang mit Big Data Analytics sehr vielfältig. Da eine erfolgreiche Bewältigung der Aufgaben an das Vorhandensein von entsprechenden Kompetenzen geknüpft ist, stellt sich die Frage, welche konkreten Kompetenzen gefordert sind und wo sich möglicherweise ein Handlungsbedarf für Controller auftut.

---

[309] Vgl. Biesel/Hame (2018), S. 26 f.

[310] Vgl. Grönke/Heimel (2015), S. 244.

[311] Vgl. Schulte-Oversohl (2014), S. 231 f.

[312] Vgl. Biesel/Hame (2018), S. 107.

[313] Vgl. Schäffer (2017), S. 53.

[314] Vgl. Losbichler/Gänßlen (2018), S. 32.

[315] Vgl. Schmidt et al. (2016), S. 84.

Der Controller hat mit der digitalen Entwicklung einen intensiveren Kontakt mit unterschiedlichen Mitarbeitern im Unternehmen. Dies sind etwa sowohl Personen wie der Data Scientist als auch die Mitarbeiter im Vertrieb, wozu insbesondere auch der Vertriebsmanager zählt. Die Kommunikation mit Letztgenanntem reicht von Bereichen wie der Datenauswahl und dem gemeinsamen Erarbeiten des Reporting-Designs, über die Hilfestellung bei der Ergebnisinterpretation bis hin zur Entscheidungsunterstützung.

Der Controller muss überzeugen, erklären und begrenzen. Somit wird eine ausgeprägte Kommunikationsfähigkeit für den Controller immer wichtiger.[316] Es geht unter anderem darum, auf einer Wellenlänge mit dem Gesprächspartner zu kommunizieren. Voraussetzung dafür ist, dass der Controller dabei auf die individuellen Anforderungen seines Gegenübers eingeht.[317] In diesem Zusammenhang spielt auch die Menschenkenntnis eine Rolle.[318] Erst wenn diese Faktoren zu einem gewissen Grad erfüllt sind, wird eine adressatengerechte Aufbereitung und Vermittlung der Inhalte möglich.[319] Da ausgeprägte kommunikative Fähigkeiten bei Controllern nicht immer vorhanden sind, liegt hier eines der Verbesserungspotenziale für die erfolgreiche Wahrnehmung der Aufgaben als Berater und Counterpart des Vertriebsmanagements.[320]

Um das Vertriebsmanagement adäquat zu beraten, bedarf es neben einer ausgeprägten Kommunikationsfähigkeit jedoch noch weiterer Kompetenzen. Insbesondere sind sowohl eine gute Unternehmenskenntnis als auch eine gute Markt- bzw. Geschäftskenntnis nötig.[321] Diese sind unter anderem eine Voraussetzung dafür, den Bedarf und die Häufigkeit der Informationsbereitstellung mit dem Berichtsempfänger zu bestimmen. Mitunter wird so gefordert, dass der Controller ein zum Management vergleichbar ausgeprägtes Geschäftsverständnis aufbauen soll.[322] Ein weiterer Bereich, für den Unternehmens- und Geschäftsverständnis von Bedeutung sind, ist die Bewertung des Nutzens sowie der Auswahl von Datenquellen,[323]

---

[316] Vgl. Becker et al. (2018), S. 85.

[317] Vgl. Egle/Keimer (2018), S. 52.

[318] Vgl. Lapenat/Kreyßig (2017), S. 40.

[319] Vgl. Kirchmann et al. (2016), S. 33.

[320] Vgl. Steinhübel (2014), S. 50.

[321] Vgl. Becker et al. (2018), S. 86; Ereth/Kemper (2016), S. 463.

[322] Vgl. Wiegmann et al. (2014), S. 200.

[323] Vgl. Seufert/Oehler (2016), S. 79.

was, wie zuvor beschrieben, gemeinsame Aufgaben von Controller und Manager sind. So sehr diese Kompetenzen benötigt werden, so selten sind aktuell Controller mit einem derartigen Profil zu finden.[324] Insbesondere bei der Geschäftskenntnis handelt es sich in der unternehmerischen Praxis um eine Kompetenz, die häufig zu schwach ausgeprägt ist.[325]

Die benötigten Kompetenzen im Zusammenhang mit Big Data Analytics und der Rolle als Business Partner lassen sich bestimmten Bereichen zuordnen. Dabei werden Fach-, Methoden-, Sozial- und Persönlichkeitskompetenzen unterschieden.[326] Demzufolge stellen die erweiterten IT- und Statistikkenntnisse jenen Bereich dar, der sich zu den Methodenkompetenzen zuordnen lässt. Ein weiterer Schwerpunkt liegt zudem bei den Sozial- und Persönlichkeitskompetenzen, welche unter anderem durch das in diesem Abschnitt beschriebene Geschäftsverständnis und die Kommunikationsfähigkeit charakterisiert sind. So reicht eine erweiterte Methodenkompetenz allein nicht aus, um die Nutzung von Big Data Analytics durch den Vertriebscontroller erfolgreich zu gestalten. Vielmehr bedarf es einer punktuellen Verbesserung der Kompetenzen in unterschiedlichen Bereichen.

---

[324] Vgl. Internationaler Controller Verein (2014), S. 23.
[325] Vgl. Dressler/Rachfall (2016), S. 28.
[326] Vgl. Kellner-Lewandowsky (2013), S. 23.

6 Identifizierung zukünftiger Forschungsschwerpunkte

Auf Basis der in dieser Arbeit verwendeten Literatur lassen sich unterschiedliche Themenbereiche identifizieren, welche nur am Rande oder in einem geringen Detaillierungsgrad behandelt werden. Einige dieser angeschnittenen Themen werfen im Nachgang weitere Fragen auf und lassen ein Potenzial für weitere interessante Erkenntnisse im Zusammenhang mit der Anwendung von Big Data Analytics im Vertriebscontrolling vermuten. Im Rahmen dieser Arbeiten konnten dabei zwei wesentliche Bereiche ausfindig gemacht werden, bei denen Forschungslücken vermutet werden und dementsprechend eine intensivere Auseinandersetzung gewinnbringend erscheint.

6.1 Instrumentelle Perspektive – Vertriebskontrolle und Reporting

Mit Blick auf die instrumentelle Perspektive des Vertriebscontrollings scheinen insbesondere zwei Teilbereiche interessant für die zukünftige Forschung im Zusammenhang mit Big Data Analytics und dessen Anwendung im Vertriebscontrolling zu sein. Dies ist auf der einen Seite der Bereich der Vertriebskontrolle und damit in Verbindung stehende Bereiche wie die Ursachenanalyse von Abweichungen. Auf der anderen Seite ergeben sich bei der Anwendung von Big Data Analytics auch unterschiedliche Fragenstellungen rund um das durch das Vertriebscontrolling genutzte Reporting.

6.1.1 Anwendung von Big Data Analytics im Bereich Vertriebskontrolle und -planung

Für den Bereich der Vertriebskontrolle und –planung scheint der Einsatz von Big Data Analytics eine geeignete Möglichkeit darzustellen, um diese zu optimieren. So lassen sich laut *Willmes et al. (2015)* für das Controlling identifizierte Abweichungen besser erklären, indem das Unternehmensumfeld näher betrachtet wird und somit auch externe Faktoren und deren Wirkung nachvollziehbar interpretiert werden können.[327] Tiefergehende oder speziell auf das Vertriebscontrolling bezogene Ausführungen zu diesem Anwendungsbereich finden sich in der gängigen Literatur jedoch nicht. Daher ergeben sich mit Fokus auf Vertrieb und dazugehöriges Controlling in diesem Zusammenhang Fragen zu konkreten Einsatzpotenzialen in der Vertriebskontrolle und –planung.

---

[327] Vgl. Willmes et al. (2015), S. 260.

Als ein denkbarer Anwendungsbereich erscheint die Ursachenanalyse von Umsatzabweichungen im Vertrieb. Die sich daraus ergebende Frage ist, inwiefern der Einsatz von Big Data Analytics die Analyse der Abweichungsursachen verbessern könnte. Dabei geht es sowohl um negative als auch um positive Abweichungen von den in der Planung festgelegten Umsatzzahlen. Für beide Szenarien könnten derartige Informationen dem Vertriebscontrolling dabei helfen, genauere Aussagen darüber zu treffen, ob interne, externe oder eine Kombination aus beiden Faktoren für die Abweichungen verantwortlich sind. Wenn mit größerer Sicherheit festgestellt werden kann, dass etwa primär interne Faktoren für negative Umsatzabweichungen verantwortlich sind, ließen sich dadurch entsprechende Hinweise liefern, inwiefern gegebenenfalls Prozessanpassungen oder Mitarbeiterschulungen nötig sind. Andererseits würde eine genauere Bestimmung von externen Abweichungsursachen dabei helfen, die Vertriebsaktivitäten zu optimieren und spezifischer auf die individuellen Gegebenheiten des Kundensegments oder der betrachteten Verkaufsregion zu reagieren. Darüber hinaus wäre auch denkbar, die genauere Bestimmung von Abweichungsursachen dafür zu nutzen, den variablen Teil der Vergütungsmodelle der Vertriebsmitarbeiter zu optimieren. So könnte unter Umständen besser herausgefiltert werden, ob ein Umsatzanstieg tendenziell eher durch externe Gegebenheiten begründet ist oder ob nicht eine gesteigerte Leistung des Vertriebsmitarbeiters für die besseren Zahlen verantwortlich ist. Im nächsten Schritt wäre dann zu prüfen, inwiefern sich derartige Informationen auch konkret für eine leistungsgerechtere Mitarbeitervergütung nutzen ließen.

Um herauszufinden, ob sich Big Data Analytics für eine Generierung von derartigen vertriebsbezogenen Informationen eignet, sollte die wissenschaftliche Forschung zukünftig weitere Untersuchungen durchführen. Unter anderem wäre es wichtig zu klären, welche speziellen Verfahren und Modelle sich für derartige Analysen und Fragestellungen am besten eignen. Darüber hinaus gilt es zu identifizieren, welche entsprechenden Typen von Datenquellen hierbei primär genutzt werden können. Deren Inhalt sollte ausreichend Informationspotenzial liefern, um die in diesem Zusammenhang gewünschten Erkenntnisgewinne zu generieren. Schlussendlich wäre auch zu klären, ob die gewonnenen Informationen über eine ausreichende Qualität verfügen, um sie als Grundlage in vertriebliche Entscheidungsprozesse miteinzubeziehen.

6.1.2 Veränderungen und zukünftige Entwicklungen des Reportings

Auch die Informationsversorgung, in Gestalt des Reportings, wirft hinsichtlich der Nutzung von Big Data Analytics im Vertrieb noch Fragen auf, die in der wissenschaftlichen Literatur bis dato entweder nur teilweise oder gar in Gänze unbeantwortet bleiben.

Mit den neuen Analysemethoden verändern sich auch die im Reporting verwendeten Kennzahlensysteme. Wie in Kapitel 4 erwähnt, werden diese nicht nur flexibler,[328] sondern zeichnen sich auch sowohl durch eine verstärkte Mehrdimensionalität als auch durch einen geringeren Fokus auf rein finanzielle Indikatoren aus.[329] Darüber hinaus steigt der Anteil an in die Zukunft gerichteter Kennzahlen.[330] Da mit Big Data Analytics demzufolge auch neue Kennzahlen hinzukommen, sollten andere Kennzahlen weichen, um beim Empfänger des Reportings keinen Information Overload hervorzurufen. Hierbei erscheint es interessant zu untersuchen, wie sich dies auf tatsächlich in der Unternehmenspraxis angewandte vertriebliche Kennzahlensysteme auswirkt. Welche zuvor genutzten Kennzahlen müssen dabei weichen, welche bleiben bestehen und was sind schlussendlich die Überlegungen, die hinter diesen Entscheidungen stehen?

Ein mit der zuvor beschriebenen Weiterentwicklung der Kennzahlensysteme prognostizierter Effekt wird in der Aufspaltung des Reportings gesehen. Dieses soll sich zunehmend in ein Steuerungsreporting und in ein Ergebniskontrollreporting aufspalten.[331] Hier bleibt abzuwarten, ob Big Data, als ein wesentlicher Teil der Digitalisierung, diese antizipierte Entwicklung tatsächlich fördert. Somit bietet auch dieser Teilbereich des Reportings unterschiedliche Optionen für die Forschung, um die zukünftige Auswirkung von Big Data Analytics auf das Controlling und seine Instrumente zu untersuchen.

Neben inhaltlichen Aspekten des Reportings bietet sich auch der Bereich der Visualisierungen für zukünftige Forschungsmaßnahmen an. Mit der Auswertung von Big Data rücken auch neue Visualisierungsformen verstärkt in den Fokus.[332] Geeignete Visualisierungen sind dabei ein maßgebendes Kriterium für eine

---

[328] Vgl. Kirchmann et al. (2016), S. 28.

[329] Vgl. Schulze et al. (2018), S. 72.

[330] Vgl. Losbichler/Gänßlen (2018), S. 34.

[331] Vgl. Leyk et al. (2017), S. 59.

[332] Vgl. Losbichler/Gänßlen (2018), S. 33.

zielgerichtete Interpretation der generierten Informationen.[333] Die wissenschaftlichen Beiträge liefern in diesem Zusammenhang jedoch nur wenig konkrete Hinweise darauf, wie sich das Reporting in Bezug auf die Visualisierung ändert. Weder auf allgemeiner Controlling-Ebene, noch speziell auf Ebene des Vertriebscontrollings finden sich detaillierte Ausführungen dazu, in welcher Weise das Reporting visuell anzupassen, ist damit es zu einem sowohl effektiven als auch effizienten Informationsversorgungsprozess beiträgt.

Eine zu klärende Frage in diesem Kontext könnte sein, inwiefern in der Vergangenheit häufig verwendete Darstellungsformen überholt und somit nicht mehr geeignet für die Informationsdarstellung sind. Hier wäre es interessant herauszufinden, welche Unterschiede es für die verschiedenen Anwendungsbereiche wie etwa Sales Forecast oder Kundenabwanderungsanalyse gibt. Daran anschließend gilt es zu klären, ob derartige Darstellungsformen erweitert werden können oder ob sie gänzlich aus den Reports verschwinden und völlig neuen Konzepten den Weg frei machen. Dabei ist auch von Interesse, wie sich neue Darstellungsformen in das Gesamtkonzept bestehender Reports einfügen und welche Anpassungen eventuell nötig sind. Dies ist dahingehend von Relevanz als dass der Berichtsempfänger, in diesem Fall in erster Linie der Vertriebsmanager, in die Lage versetzt werden soll, die Informationen möglichst schnell und ohne Fehlinterpretation aufnehmen zu können.

6.2 Erfolgswirkung von Big Data Analytics und die Rolle des Controllers

Neben möglichen Schwerpunkten rund um die Instrumente des Vertriebscontrollings bieten sich noch weitere Bereiche für die zukünftige Forschung an. Dies sind einerseits die mit Big Data Analytics in der praktischen Anwendung erzielbaren Vorteile gegenüber der Anwendung von herkömmlichen Analyseverfahren. Andererseits stellt auch die Entwicklung der Controller-Rolle im Zusammenhang mit Big Data Analytics einen Bereich dar, bei dem sich Entwicklungen abzeichnen, die es genauer zu untersuchen gilt.

---

[333] Vgl. Hagen et al. (2017), S. 20.

6.2.1 Ermittlung der in der Praxis tatsächlich realisierbaren Erfolgswirkung

Big Data und Big Data Analytics sind Bereiche, die in den vergangenen Jahren in vielerlei Hinsicht und auf unterschiedliche Art und Weise diskutiert wurden. Die Studie von *Willmes et al. (2015)* untersuchte unter anderem, in welchen Branchen und für welche Einsatzgebiete diese Themen bereits eine Rolle spielen.[334] In den folgenden Jahren legte sich der anfängliche Hype und gleichzeitig wurden mehr und mehr konkrete Anwendungsfälle in der wissenschaftlichen Literatur diskutiert. Die betrachteten Praxisbeispiele lassen darauf schließen, dass sich in der jüngeren Vergangenheit eine Vielzahl an Unternehmen an dieses neue Thema herangetastet hat. Diese Entwicklung bietet demnach einen Anlass, um in einer erneuten Studie den aktuellen Nutzungsgrad von Big Data Analytics sowohl im Controlling als Ganzem als auch speziell im Vertriebscontrolling zu ermitteln.

In diesem Zusammenhang bietet sich auch eine tiefergehende Analyse zur Beurteilung der Erfolgswirkung an. Mit der Einführung von IT-Systemen oder -Anwendungen in einem Unternehmen sind meist konkrete Erwartungen hinsichtlich erhoffter Effekte verbunden. Hierbei stellt sich die Frage, inwiefern die an die neuen Analyseverfahren gestellten Hoffnungen auch tatsächlich erfüllt werden. Somit geht es darum herauszufinden, ob und zu welchem Grad sich Parameter wie etwa die Kosten oder die Analysegenauigkeit im Praxiseinsatz verändern. Jedoch lassen sich in den unterschiedlichen Bereichen zur Forschung des Vertriebscontrollings häufig kaum quantitative Studien finden. Meist handelt es sich um vorwiegend deskriptive Ausführungen, die nur bedingt Rückschlüsse auf die Erfolgswirkung des betrachteten Aspekts liefern.[335] Die voranschreitende Nutzung von Big Data Analytics in der unternehmerischen Praxis bietet nun die Möglichkeit, eine repräsentative Auswahl an Unternehmen hinsichtlich der eingetretenen Erfolgswirkung zu befragen und diese mit den durch Wissenschaft- und Anbieterseite beworbenen Potenzialen zu vergleichen.

Konkret könnte gefragt werden, ob sich durch den Einsatz Kosteneinsparungen ergeben haben und falls ja, in welchen Bereichen. Auf der anderen Seite gilt es auch zu ermitteln, inwiefern Umsatzsteigerungen nach der Einführung von Big Data Analytics im Vertriebscontrolling realisiert werden konnten. Abgesehen von diesen indirekten Effekten sollte auch untersucht werden, welche Veränderungen sich für

---

[334] Vgl. Willmes et al. (2015), S. 257-259.
[335] Vgl. Weber et al. (2009), S. 13.

die Instrumente wie die Kundenabwanderungsanalyse, den Sales Forecast oder das Reporting ergeben. Zu untersuchende Aspekte könnten beispielsweise realisierte Prognosegenauigkeiten oder Zeiteinsparungen sein. In Verbindung damit sind dann auch unterschiedliche vertriebsbezogene Kenngrößen wie die Kundenabwanderungsrate oder die Kundenzufriedenheit von Interesse. In Ergänzung zu diesen zahlenbasierten Indikatoren für die Erfolgswirkung von Big Data Analytics können darüber hinaus auch qualitative Informationen genutzt werden. Hierbei kommen Meinungsbilder von Vertriebscontroller und –manager in Frage, die etwa über eine direkte Befragung in Form von Interviews ermittelbar sind. Dabei können gegebenenfalls Ausführungen zu Verbesserungen in den eigenen Arbeitsprozessen oder der gemeinsamen Zusammenarbeit zwischen Manager und Controller eine weitere Kategorie von Erfolgswirkungen darstellen. So werden auch Veränderungen berücksichtigt, die sich nicht direkt quantifizieren und messen lassen. Auf diese Weise lässt sich ein umfänglicher Vergleich von vorhergesagten Potenzialen und tatsächlich realisierten positiven Effekten für den Einsatz von Big Data Analytics im Vertriebscontrolling erstellen.

6.2.2 Neue Entwicklungsstufe der Controller-Rolle in Verbindung mit Big Data Analytics

Ein weiterer Bereich der im Zusammenhang mit Big Data Analytics für die zukünftige Forschung interessant zu sein scheint, ist die Rolle des Controllers als Business Partner. Wie in Kapitel 5 erwähnt, wird der Controller im überwiegenden Teil der wissenschaftlichen Literatur als Business Partner gesehen.[336] In einzelnen wenigen Beiträgen wird jedoch bereits eine weitere Entwicklungsstufe des Controllers gezeichnet.[337] So wird in einer Untersuchung von *Spieler/Classen (2018)* der Controller von einem Teil der befragten Unternehmen in Zukunft als „[...] strategisches Frühwarnsystem oder als ein vernetztes Wertschöpfungssystem [...]"[338] gesehen. Nähere Ausführungen dazu, wodurch sich diese neue Rolle des Controllers auszeichnet, lassen sich bis dato nicht finden. Somit ist auch nicht eindeutig geklärt, in welchen konkreten Punkten sich dieses Rollenbild von dem des Business Partners unterscheidet. Damit handelt sich zunächst noch um ein in weiten Teilen eher diffuses Konzept, dessen Kern noch nicht klar zu erkennen ist und somit einer

---

[336] Vgl. Grönke et al. (2014), S. 77; Losbichler/Gänßlen (2018), S. 32; Hoder/Kuhr (2015), S. 20.
[337] Vgl. KPMG (2014), S. 27; Willmes et al. (2015), S. 261 f.
[338] Spieler/Classen (2018), S. 54.

tiefergehenden Untersuchung bedarf. Dies macht es notwendig, die Aufgaben und Ziele des neuen Rollenbildes näher herauszuarbeiten. Auf diese Weise wird es möglich, Gemeinsamkeiten und Unterschiede mit dem Business Partner zu erkennen und so beide Konzepte besser voneinander abzugrenzen. Ausgehend davon kann ein Abgleich durch Befragungen in Unternehmen erfolgen, bei dem untersucht wird, in welchem Umfang sich ein derartiges Rollenbild bereits tatsächlich in der Praxis etabliert hat.

Sind diese Voraussetzungen erfüllt, wären in einem nächsten Schritt weitere Fragen zu klären. Sofern der Controller sich in seiner Rolle weiterentwickelt, kann man davon ausgehen, dass sich auch die für die Aufgaben benötigten Kompetenzen ändern. Demnach sollte analog zu den Diskussionen um die benötigten Kompetenzen des Business Partners auch eine solche für die nächste Evolutionsstufe des Controllers stattfinden. Darüber hinaus gilt es dann auch zu erörtern, wie sich damit möglicherweise auch Änderungen in der Zusammenarbeit zwischen Vertriebscontroller und Vertriebsmanager ergeben.

7 Schlussbetrachtung

Ziel dieser Arbeit war es aufzuzeigen, wie sich der Einsatz von Big Data Analytics auf den Vertrieb und das dazugehörige Controlling auswirkt. Dabei sollten sowohl beobachtbare und notwendige Veränderungen für eine erfolgreiche Umsetzung als auch die sich durch die Anwendung ergebenden positiven Effekte im Hinblick auf die vertrieblichen Herausforderungen herausgearbeitet werden. Dazu wurden zunächst die Herausforderungen, denen sich der Vertrieb in einer digitalisierten und globalisierten Unternehmenswelt gegenübergestellt sieht, beleuchtet. Diese machen sich auf Kundenseite insbesondere in Form einer gestiegenen Erwartungshaltung gegenüber dem Unternehmen und einem verbesserten Informationsgrad, welcher sich in einer erhöhten Bereitschaft zum Anbieterwechsel widerspiegelt, bemerkbar. Marktseitig hat der Vertrieb mit einem stärkeren Konkurrenzdruck durch zusätzliche Anbieter und einem in Teilen austauschbarem Produktangebot zu kämpfen. Zusätzlich werden Forderungen nach Senkung der Kosten an den Vertrieb herangetragen. Der Ansatz des Kundenbeziehungsmanagements sowie die Unterstützung durch das Controlling helfen dem Vertrieb in dieser Phase dabei, seine Ziele zu erreichen.

Das Vertriebscontrolling, welches für seine Auswertungen auf eine sowohl qualitativ als auch quantitativ ausreichende Datengrundlage angewiesen ist, erhält durch die in den letzten Jahren vermehrte Generierung von großen Datenmengen unterschiedlicher Struktur eine Chance zur Weiterentwicklung. Neue und weiterentwickelte Analyseverfahren, die sich unter dem Begriff Big Data Analytics zusammenfassen lassen, bieten die Möglichkeit, Big Data einer betrieblichen Nutzung zuzuführen. Die Verfahren sind in der Lage, große heterogene Datenbestände in hoher Geschwindigkeit auszuwerten und neue Erkenntnisse zu liefern. Der Fokus liegt im Gegensatz zu den zuvor verwendeten Ansätzen auf explorativen, in die Zukunft gerichteten Fragestellungen. Im Vertriebscontrolling lässt sich Big Data Analytics dabei für unterschiedliche Instrumente, wie etwa Sales Forecast oder Kundenabwanderungs- und Kundenwertanalyse, zielgerichtet einsetzen.

Die Auswirkung der Verfahren auf den Bereich des Vertriebscontrollings zeigt sich in unterschiedlichen Aspekten. Eine zuvor primäre Fokussierung auf interne Quellen mit quantitativen Daten entwickelt sich hin zu einer zunehmenden Berücksichtigung von externen Daten, die auch vermehrt solche mit qualitativem Charakter einschließen. Unter Berücksichtigung dieser zusätzlichen Datenbestände lässt sich die Granularität und Qualität der Ergebnisse der zuvor genannten Instrumente steigern. Darauf aufbauend lassen sich etwa verbesserte Kundensegmentierungen erstellen. Somit steht dem Vertriebscontrolling eine bessere Informationsgrundlage zur Verfügung, auf Basis derer entschieden werden kann, inwiefern geeignete Vertriebsmaßnahmen oder weitere Analysen anzustoßen sind. Ein Großteil der Auswertungen läuft automatisiert und in Echtzeit ab, sodass eine permanente Vertriebskontrolle ohne einen zusätzlichen Ressourcenaufwand möglich ist. Die Ergebnisse stehen schneller als zuvor zur Verfügung und ermöglichen eine zeitnahe Versorgung des Vertriebsmanagements mit steuerungsrelevanten Informationen.

Die aus der Anwendung von Big Data Analytics gewonnenen Erkenntnisse kann der Vertrieb in unterschiedlicher Form für seine Aufgaben nutzen. Im Rahmen des Beziehungsmanagements profitiert dabei vor allem das Kundenbindungs- und das Kundenrückgewinnungsmanagement. Durch genauere Angaben zum Kundenwert, Abwanderungsrisiko oder Zahlungsverhalten und einer dadurch verbesserten Kundensegmentierung können die Vertriebsmaßnahmen besser auf die individuellen Anforderungen bis hin auf Einzelkundenebene zugeschnitten werden. Dadurch lassen sich eventuelle Streuverluste der Vertriebsaktivitäten vermeiden. Zusätzlich können die Steuerung der Vertriebsressourcen effizienter gestaltet und somit Kosteneinsparungen realisiert werden. Die Informationen der Kundenanalysen erlauben es nämlich, die Ressourcen zielgenau anhand des prognostizierten Absatzpotenzials auszurichten. Das durch Big Data Analytics individuellere Kundenbeziehungsmanagement ermöglicht es somit besser als zuvor, die kunden- und marktseitigen Herausforderungen zu bewältigen. Gleichzeitig verlieren Intuition und Erfahrung der Mitarbeiter an Bedeutung und datenbasierte Erkenntnisse gewinnen an Bedeutung für die Entscheidungsfindung und –umsetzung im Vertrieb.

Diese beschriebenen Effekte auf den Vertrieb und das Vertriebscontrolling in funktionaler und instrumenteller Hinsicht stellen den einen Teil der Auswirkungen von Big Data Analytics da. Zusätzlich dazu ergeben sich Veränderungen für die Arbeit und die benötigten Kompetenzen des Vertriebscontrollers. Dieser arbeitet eng mit dem Data Scientist zusammen, der die Anforderungen an die Analyseverfahren aus technischer Sicht umsetzt. Dennoch erfordert der Umgang mit Big Data erweiterte methodische Kompetenzen in Form von Statistik- und IT-Kenntnissen. Eine darüber hinausgehende notwendige Aneignung von Kompetenzen resultiert für den Controller aus der Zusammenarbeit mit dem Vertriebsmanager, welche im Zusammenhang mit der Rolle des Business Partners intensiviert wird. Neben der Schaffung einer Akzeptanz gegenüber einer zunehmenden datengetriebenen Vertriebssteuerung, gilt es für den Controller eine beratende und unterstützende Funktion einzunehmen. Der Festlegung der Analyseziele und der Entwicklung eines geeigneten Reportings kommt dabei eine hohe Bedeutung zu. Ein ungenügender Austausch zwischen beiden Seiten kann unter Umständen zu nicht verwertbaren Ergebnissen oder einem Information Overload führen. Ebenso gilt es aufgrund der gestiegenen Komplexität für den Controller, bei der Interpretation der Ergebnisse und der Entscheidungsfindung enger als zuvor mit dem Vertriebsmanagement zusammenzuarbeiten. Um diesem Anspruch gerecht zu werden, benötigt der Controller mehr denn je gute Kommunikationsfähigkeiten und ein umfangreiches Wissen über Kunden, Märkte und das eigene Unternehmen. Somit ist der Controller gefordert auch die eigene Sozial- und Persönlichkeitskompetenz zu erweitern. Der Einsatz von Big Data Analytics bringt daher in vielerlei Hinsicht Veränderungen mit sich. Neben Effektivitäts- und Effizienzvorteilen und daraus resultierenden Konsequenzen ergeben sich auch Herausforderungen, wie die Weiterentwicklung des Kompetenzprofils, für das Vertriebscontrolling.

Bei der Betrachtung der Auswirkungen von Big Data Analytics im Vertrieb wurde zusätzlich der Anspruch definiert, offene Fragestellungen zu identifizieren und mögliche interessante Bereiche für die zukünftige Forschung zu benennen. Dabei wurde festgellt, dass den Verfahren Potenziale bei der Erklärung von identifizierten Abweichungen zugeschrieben werden. Es wäre interessant zu untersuchen, ob und inwiefern sich hier für den Vertrieb eine Anwendung für die Ursachenanalyse von Umsatzabweichungen umsetzen lässt. Im Bereich der Instrumente des Vertriebscontrollings stellt darüber hinaus das Reporting einen Bereich dar, der vergleichsweise oberflächlich im Zusammenhang mit Big Data Analytics diskutiert wird. Hier bieten das Reporting Design und die prognostizierte Aufspaltung des Reportings Aspekte, die es genauer zu untersuchen gilt.

Ein weiteres Feld ist die Ermittlung der Erfolgswirkung der neuen Verfahren. Hier lässt die Literatur genauere Angaben vermissen, sodass eine Untersuchung in dieser Hinsicht helfen würde, etwa ein Bild von der tatsächlich realisierbaren Verbesserung der Prognosegenauigkeit eines Sales Forecasts zu erhalten. Als letzter Anknüpfungspunkt für die weitere Forschung dient die Rolle des Controllers, welche bis dato erst wenige Autoren in einer Weiterentwicklung des Business Partners sehen. Dies würde vermutlich wiederum veränderte Aufgaben und dafür benötigte Kompetenzen für den Vertriebscontroller bedeuten, die auch noch zu untersuchen wären.

Literaturverzeichnis

Albers, Sönke/Krafft, Manfred (2013): Vertriebsmanagement: Organisation – Planung – Controlling – Support, Wiesbaden.

Albert, Norbert (2013): Controller als „führende Kraft": Tipps zur Führung in Veränderungsprozessen mit und ohne Macht, in: Klein, Andreas (Hrsg.): Soft Skills für Controller: Präsentieren, moderieren, koordinieren, München, S. 133-149.

Baars, Henning/Kemper, Hans-Georg (2015): Integration von Big Data-Komponenten in die Business Intelligence, in: Controlling – Zeitschrift für erfolgsorientierte Unternehmenssteuerung, 27. Jg., Heft 4-5, S. 222-227.

Baars, Henning (2016): Predictive Analytics in der IT-basierten Entscheidungsunterstützung – methodische, architektonische und organisatorische Konsequenzen, in: Controlling – Zeitschrift für erfolgsorientierte Unternehmenssteuerung, 28. Jg., Heft 3, S. 174-180.

Baumöl, Ulrike/Berlitz, Philipp-Dennis (2014): Big Data als Entscheidungsunterstützung: Herausforderungen und Potenziale, in: Gleich, Ronald/Grönke, Kai/Kirchmann, Markus/Leyk, Jörg (Hrsg.): Controlling und Big Data – Anforderungen, Auswirkungen, Lösungen, München, S. 159-176.

Becker, Jörg (2001): Strategisches Vertriebscontrolling – Customer Relationship Marketing und Data Mining, 2. Auflage, München.

Becker, Wolfgang/Reitelshöfer, Eva/Prainer, Alwin-Edmund (2018): Industrie 4.0 – Neue Herausforderungen für den Controller?, in: Controller Magazin, 43. Jg., Heft 1, S. 84-88.

Bensberg, Frank/Schirm, Nicole (2018): Cloud Analytics gestalten, in: Controlling & Management Review, 62. Jg., Heft 5, S. 60-65.

Bierekoven, Christiane (2016): Juristische Implikationen neuer Technologien für Marketing und Vertrieb durch den Einsatz von CRM-Systemen – Erhebung und Nutzung von Kundendaten zu Marketingzwecken mittels CRM-Systemen, in: Binckebanck, Lars/Elste, Rainer (Hrsg.): Digitalisierung im Vertrieb – Strategien zum Einsatz neuer Technologien in Vertriebsorganisationen, Wiesbaden, S. 157-171.

Biesel, Hartmut/Hame, Hartmut (2018): Vertrieb und Marketing in der digitalen Welt – So Schaffen Unternehmen die Business Transformation in der Praxis, Wiesbaden.

BITKOM (2012): Big Data im Praxiseinsatz – Szenarien, Beispiele, Effekte, https://www.bitkom.org/sites/default/files/pdf/noindex/Publikationen/2012/Leitfaden/Leitfaden-Big-Data-im-Praxiseinsatz-Szenarien-Beispiele-Effekte/BITKOM-LF-big-data-2012-online1.pdf (Abfrage: 16.02.2019).

BITKOM (2014): Big-Data-Technologien – Wissen für Entscheider, https://www.bitkom.org/sites/default/files/file/import/140228-Big-Data-Technologien-Wissen-fuer-Entscheider.pdf (Abfrage: 16.02.2019).

BITKOM (2015): Big Data und Geschäftsmodell-Innovationen in der Praxis: 40+ Beispiele, https://www.bitkom.org/sites/default/files/file/import/151229-Big-Data-und-GM-Innovationen.pdf (Abfrage: 16.02.2019).

Brezina, Roland (2001): Analytisches Customer Relationship Management – Entscheidungsunterstützung in kundenorientierten Unternehmen, in: Controlling – Zeitschrift für erfolgsorientierte Unternehmenssteuerung, 13. Jg., Heft 4, S. 219-226.

Bruhn, Manfred (2002): Integrierte Kundenorientierung – Implementierung einer kundenorientierten Unternehmensführung, Wiesbaden.

Bruhn, Manfred (2006): Zufriedenheits- und Kundenbindungsmanagement, in: Hippner, Hajo/Wilde, Klaus D. (Hrsg.): Grundlagen des CRM – Konzepte und Gestaltung, 2. Auflage, Wiesbaden, S. 508-539.

Buhl, Hans Ulrich/Röglinger, Maximilian/Moser, Florian/Heidemann, Julia (2013): Big Data – Ein (ir-)relevanter Modebegriff für Wissenschaft und Praxis?, in: Wirtschaftsinformatik & Management, 5. Jg., Heft 2, S. 24-31.

Bunte, Stefan/Krohn-Grimberghe, Artus (2014): Was bringt Big Data? Begriffserklärung, Nutzen und Umsetzung, in: Zeitschrift für Führung + Organisation, 83. Jg., Heft 6, S. 372-378.

Buschbacher, Florian/Konrad, Ralf/Mußmann, Bernd/Weber, Mathias (2014): Big Data-Projekte: Vorgehen, Erfolgsfaktoren und Risiken, in: Gleich, Ronald/Grönke, Kai/Kirchmann, Markus/Leyk, Jörg (Hrsg.): Controlling und Big Data – Anforderungen, Auswirkungen, Lösungen, München, S. 83-106.

Buschbacher, Florian (2016): Wertschöpfung mit Big Data Analytics, in: Controlling & Management Review, 60. Jg., Heft S1, S. 40-45.

Coners, André/Matthies, Benjamin (2015): Textanalysen im Controlling, in: Controlling – Zeitschrift für erfolgsorientierte Unternehmenssteuerung, 27. Jg., Heft 11, S. 658-664.

Cornelsen, Jens (2000): Kundenwertanalysen im Beziehungsmarketing – Theoretische Grundlegung und Ergebnisse einer empirischen Studie im Automobilbereich, Nürnberg.

Cseh, Christian/Marx, Ben (2016): Technische Trends im Vertrieb, in: Binckebanck, Lars/Elste, Rainer (Hrsg.): Digitalisierung im Vertrieb – Strategien zum Einsatz neuer Technologien in Vertriebsorganisationen, Wiesbaden, S. 356-372.

Dannenberg, Holger (1997): Vertriebsmarketing – Wie Strategien laufen lernen, 2. Auflage, Neuwied.

Dannenberg, Holger/Zupancic, Dirk (2008): Spitzenleistungen im Vertrieb. Optimierungen im Vertriebs- und Kundenmanagement. Mit Handlungsempfehlungen, Wiesbaden.

Dastani, Parsis (2016): Effektiver Einsatz von Predictive Analytics im Vertrieb, in: Sales Management Review, 4. Jg., Heft 6, S. 66-71.

Davenport, Thomas/Patil, D. J. (2012): Data Scientist: The Sexiest Job of the 21st Century, in: Harvard Business Review, 90. Jg., Heft 10, S. 70–76.

Dedic, Nedim/Stanier, Clare (2017): Towards Differentiating Business Intelligence, Big Data, Data Analytics and Knowledge Discovery, in: Piazolo, Felix/Geist, Verena/Brehm, Lars/Schmidt, Rainer (Hrsg.): Innovations in Enterprise Information Systems Management and Engineering, Hagenberg, S. 114-122.

Deglow, Sven (2003): Vertriebscontrolling in Bausparkassen – Aufgaben und Instrumente einer Controlling-Konzeption zur Koordination der Vertriebswege, Sternenfels.

Deking, Ingo/Meier, Roland (2000): Vertriebscontrolling – Grundlagen für ein innovatives, anwendungsorientiertes Verständnis, in: Reichwald, Ralf (Hrsg.): Vertriebsmanagement: Organisation, Technologieeinsatz, Personal, Stuttgart, S. 249-267.

Derwisch, Sebastian/Iffert, Lars/Fuchs, Christian/Bange, Carsten (2016): Business Analytics-Software für das Controlling – eine Marktübersicht, in: Controlling – Zeitschrift für erfolgsorientierte Unternehmenssteuerung, 28. Jg., Heft 8-9, S. 480-487.

Diller, Herrmann (2001): Vahlens großes Marketinglexikon, München.

Dittmar, Carsten (2016): Die nächste Evolutionsstufe von AIS: Big Data, in: Gluchowski, Peter/Chamoni, Peter (Hrsg.): Analytische Informationssysteme – Business Intelligence-Technologien und –Anwendungen, 5. Auflage, Berlin/Heidelberg, S. 55-65.

Dressler, Sören/Rachfall, Sören (2016): Wie Controller sich weiterbilden, in: Controlling & Management Review, 60. Jg., Heft 5, S. 26-34.

Duderstadt, Stefan (2006): Wertorientierte Vertriebssteuerung durch ganzheitliches Vertriebscontrolling: Konzeption für das Retailbanking, Wiesbaden.

Ebner, Katharina/Smolnik, Stefan (2015): Alles eine Frage der Daten? Eine Analyse verschiedener Big Data-Technologiestrategien und Vorschlag eines Entscheidungsmodells, in: Controlling – Zeitschrift für erfolgsorientierte Unternehmenssteuerung, 27. Jg., Heft 4-5, S. 249-255.

Egle, Ulrich/Keimer, Imke (2018): Die Treiber der Digitalisierung im Controlling, in: Controlling & Management Review, 62. Jg., Heft 4, S. 62-67.

Ehrmann, Harald (2002): Vertriebscontrolling und –budget, in: Pepels, Werner (Hrsg.): Handbuch Vertrieb, München, S. 865-898.

Elste, Rainer (2016): Paradigmenwechsel im Vertrieb – Konsequenzen neuer Technologien für das Kundenmanagement, in: Binckebanck, Lars/Elste, Rainer (Hrsg.): Digitalisierung im Vertrieb – Strategien zum Einsatz neuer Technologien in Vertriebsorganisationen, Wiesbaden, S. 4-25.

Engelbergs, Jörg (2016): Big Data und Predictive Analytics – Ansätze für die Unternehmenssteuerung, in: Horváth, Péter/Michel, Uwe (Hrsg.): Digital Controlling & Simple Finance – Die Zukunft der Unternehmenssteuerung, Stuttgart, S. 3-12.

Ereth, Julian/Kemper, Hans-Georg (2016): Business Analytics und Business Intelligence – Säulen eines integrierten Ansatzes der IT-basierten Entscheidungsunterstützung, in: Controlling – Zeitschrift für erfolgsorientierte Unternehmenssteuerung, 28. Jg., Heft 8-9, S. 458-464.

Esch, Martin/Schulze, Mike/Gleich, Ronald (2016): Customer Value-Analyse: Wertorientierte Steuerung von Kundenbeziehungen, in: Gleich, Ronald/Hartje, Sabine/Lips, Thorsten/Schulze, Mike (Hrsg.): Moderne Vertriebssteuerung, Freiburg, S. 49-64.

Fasel, Daniel/Meier, Andreas (2016): Was versteht man unter big Data und NoSQL?, in: Fasel, Daniel/Meier, Andreas (Hrsg.): Big Data – Grundlagen, Systeme und Nutzungspotenziale, Wiesbaden, S. 3-16.

Feindt, Michael/Grüßing, Daniel (2014): Strategische Entscheidungen mit automatisierten Prognosen operativ umsetzen, in: Gleich, Ronald/Grönke, Kai/Kirchmann, Markus/Leyk, Jörg (Hrsg.): Controlling und Big Data – Anforderungen, Auswirkungen, Lösungen, München, S. 177-188.

Fels, Gernot/Schinkel, Fritz (2015): IT-Infrastrukturen für Big Data, in: Dorschel, Joachim (Hrsg.): Praxishandbuch Big Data: Wirtschaft – Recht – Technik, Wiesbaden, S. 278-306.

Gadatsch, Andreas (2013): Big Data: Ein neues Thema, nicht nur für den Controller, in: Controller Magazin, 38. Jg., Heft 4, S. 23-28.

Gadatsch, Andreas (2016): Die Möglichkeiten von Big Data voll ausschöpfen, in: Controlling & Management Review, 60. Jg., Heft 1, S. 62-66.

Gadatsch, Andreas (2017a): Big Data – Datenanalyse als Eintrittskarte in die Zukunft: Grundlagen und zentrale Begriffe, in: Gadatsch, Andreas/Landrock, Holm (Hrsg.): Big Data für Entscheider – Entwicklung und Umsetzung datengetriebener Geschäftsmodelle, Wiesbaden, S. 1-10.

Gadatsch, Andreas (2017b): Einfluss der Digitalisierung auf die Zukunft der Arbeit, in: Gadatsch, Andreas/Krupp, Alfred/Wiesehahn, Andreas (Hrsg.): Controlling und Leadership: Konzepte – Erfahrungen – Entwicklungen, Wiesbaden, S. 193-213.

Gadatsch, Andreas/Krupp, Alfred/Wiesehahn, Andreas (2017): Smart Controlling – Führungsunterstützung im digitalen Wandel, in: Controller Magazin, 42. Jg., Heft 2, S. 72-75.

Gadatsch, Andreas/Landrock, Holm (2017): Big Data für Entscheider – Entwicklung und Umsetzung datengetriebener Geschäftsmodelle, Wiesbaden.

Gentsch, Peter/Kulpa, Andreas (2016): Mit externen Big Data neue Möglichkeiten erschließen, in: Controlling & Management Review, 60. Jg., Sonderheft 1, S. 32-38.

Glaser, Christian (2017): Wettbewerbsfaktor Vertrieb bei Finanzdienstleistungen – Ein ganzheitliches Konzept zur Sales Excellence, 2. Auflage, Wiesbaden.

Gluchowski, Peter (2016): Business Analytics – Grundlagen, Methoden und Einsatzpotenziale, in: HMD Praxis der Wirtschaftsinformatik, 53. Jg., Heft 3, S. 273-286.

Goretzki, Lukas/Weber, Jürgen (2012): Die Zukunft des Business Partners: Ergebnisse einer empirischen Studie zur Zukunft des Controllings, in: Controlling & Management Review, 56. Jg., Heft 1, S. 22-28.

Grabner-Kräuter, Sonja/Schwarz-Musch, Alexander (2006): CRM - Grundlagen und Erfolgsfaktoren, in: Hinterhuber, Hans H./Matzler, Kurt (Hrsg.): Kundenorientierte Unternehmensführung: Kundenorientierung – Kundenzufriedenheit – Kundenbindung, 5. Auflage, Wiesbaden, S 174–191.

Gräf, Jens/Isensee, Johannes/Schulmeister, Angelina (2017): Reporting 4.0 – Management Reporting im digitalen Kontext, in: Controller Magazin, 42. Jg., Heft 3, S. 60-62.

Grob, Heinz Lothar/Bensberg, Frank (2009): Controllingsysteme – Entscheidungstheoretische und informationstechnische Grundlagen, München.

Gronau, Norbert/Thim, Christof/Fahrholz, Corinna (2016): Business Analytics in der deutschen Praxis – Aktueller Stand und Herausforderungen, in: Controlling – Zeitschrift für erfolgsorientierte Unternehmenssteuerung, 28. Jg., Heft 8-9, S. 472-479.

Gronwald, Klaus-Dieter (2017): Integrierte Business-Informationssysteme: ERP, SCM, CRM, BI, Big Data Analytics – Prozesssimulation, Rollenspiel, Serious Gaming, 2. Auflage, Berlin.

Grönke, Kai/Kirchmann, Markus/Leyk, Jörg (2014): Big Data: Auswirkungen auf Instrumente und Organisation der Unternehmenssteuerung, in: Gleich, Ronald/Grönke, Kai/Kirchmann, Markus/Leyk, Jörg (Hrsg.): Controlling und Big Data – Anforderungen, Auswirkungen, Lösungen, München, S. 63-82.

Grönke, Kai/Heimel, Jana (2015): Big Data im CFO-Bereich – Kompetenzanforderungen an den Controller, in: Controlling – Zeitschrift für erfolgsorientierte Unternehmenssteuerung, 27. Jg., Heft 4-5, S. 242-248.

Gürster, Ulrich/Spaar, Michael (2017): Traue keiner Statistik, die Du nicht... – Über die Bedeutung der Datenqualität in Zeiten von Big Data, in: Controller Magazin, 42. Jg., Heft 1, S. 33-35.

Hagen, Tilman/Brukovski, Maxim/Mutovkina, Lyuba (2017): Management Reporting Studie – So wollen Manager ihre Zahlen sehen, in: Controller Magazin, 42. Jg., Sonderheft 1, S. 18-21.

Heberer, Dagmar (2004): Vertriebscontrolling im Firmenkundengeschäft, in: Duttenhöfer, Stephan/Keller, Bernhard (Hrsg.): Handbuch Vertriebsmanagement Finanzdienstleistungen – Analyse, Umsetzung und Perspektiven bei Banken und Sparkassen, Frankfurt am Main, S. 171-186.

Helmke, Stefan (2002): Data Mining und Data-Warehouses im Vertrieb, in: Pepels, Werner (Hrsg.): Handbuch Vertrieb, München, S. 117-133.

Hesse, Josef/Evanschitzky, Heiner (2005): Vertrieb in der Konsumgüterindustrie, in Ahlert, Dieter/Becker, Bernd/Evanschitzky, Heiner/Hesse, Josef/Salfeld, André (Hrsg.): Exzellenz in Markenmanagement und Vertrieb – Grundlagen und Erfahrungen, 2. Auflage, Wiesbaden, S. 65-76.

Heupel, Thomas/Lange, Victoria W. (2019): Wird der Controller zum Data Scientist? Herausforderungen und Chancen in Zeiten von Big Data, Predictive Analytics und Echtzeitverfügbarkeit, in: Hermeier, Burghard/Heupel, Thomas/Fichtner-Rosada, Sabine (Hrsg.): Arbeitswelten der Zukunft – Wie die Digitalisierung unsere Arbeitsplätze und Arbeitsweisen verändert, Wiesbaden, S. 201-221.

Hillenbrand, Philipp/Postigo, Jorge/Winkler, Georg/Kiewell, Dieter (2013): Mehr Profitabilität durch granulares Preismanagement, in: Sales Management Review, 1. Jg., Heft 9, S. 6-17.

Hippner, Hajo/Wilde, Klaus D. (2005): Informationstechnologische Grundlagen der Kundenbindung, in: Bruhn, Manfred/Homburg, Christian (Hrsg.): Handbuch Kundenbindungsmanagement, 5. Auflage, Wiesbaden, S. 463-499.

Hippner, Hajo (2006): CRM – Grundlagen, Ziele und Konzepte, in: Hippner, Hajo/Wilde, Klaus D. (Hrsg.): Grundlagen des CRM – Konzepte und Gestaltung, 2. Auflage, Wiesbaden, S. 16-44.

Hippner, Hajo/Rentzmann, René/Wilde, Klaus D. (2006): Aufbau und Funktionalitäten von CRM-Systemen, in: Hippner, Hajo/Wilde, Klaus D. (Hrsg.): Grundlagen des CRM – Konzepte und Gestaltung, 2. Auflage, Wiesbaden, S. 45-74.

Hoder, Kathrin/Kuhr, René (2015): Die Rolle des Controllers in der Digitalisierung – Digital Controlling, in: : Controller Magazin, 40. Jg., Heft 2, S. 15-20.

Hoening, Claus/Esch, Martin/Wald, Andreas (2017): Big Data, Business Intelligence und Business Analytics: Bedeutung, Nutzen und Mehrwert für die Unternehmenssteuerung, in: Gleich, Ronald/Grönke, Kai/Kirchmann, Markus/Leyk, Jörg (Hrsg.): Strategische Unternehmensführung mit Advanced Analytics – Neue Möglichkeiten von Big Data für Planung und Analyse erkennen und nutzen, Freiburg/München/Stuttgart, S. 27-41.

Hofbauer, Günter /Schöpfel, Barbara (2010): Professionelles Kundenmanagement: Ganzheitliches CRM und seine Rahmenbedingungen, Erlangen.

Hofbauer, Günter /Bergmann, Sabine (2013): Professionelles Controlling in Marketing und Vertrieb – Ein integrierter Ansatz mit Kennzahlen und Checklisten, Erlangen.

Hofbauer, Günter/Hellwig, Claudia (2016): Professionelles Vertriebsmanagement: Der prozessorientierte Ansatz aus Anbieter und Beschaffersicht, Erlangen.

Horváth, Péter/Aschenbrücker, Andreas (2014): Data Scientist: Konkurrenz oder Katalysator für den Controller? in: Gleich, Ronald/Grönke, Kai/Kirchmann, Markus/Leyk, Jörg (Hrsg.): Controlling und Big Data – Anforderungen, Auswirkungen, Lösungen, München, S. 47-62.

Hünerberg, Reinhard (2017): Vertriebscontrolling, in: Zerres, Christopher (Hrsg.): Handbuch Marketing-Controlling: Grundlagen – Methoden – Umsetzung, 4. Auflage, Berlin, S. 333-356.

IBM (2012): Analytics: Big Data in der Praxis – Wie innovative Unternehmen ihre Datenbestände effektiv nutzen, https://www-935.ibm.com/services/de/gbs/thoughtleadership/GBE03519-DEDE-00.pdf (Abfrage: 16.02.2019).

IBM (2013): Descriptive, predictive, prescriptive: Transforming asset and facilities management with analytics – Choose the right data analytics solutions to boost service quality, reduce operating costs and build ROI, https://static.ibmserviceengage.com/TIW14162USEN.PDF (Abfrage: 16.02.2019).

Iffert, Lars (2016): Predictive Analytics richtig einsetzen, in: Controlling & Management Review, 60. Jg., Heft 6, S. 16-23.

Internationaler Controller Verein (2014): Big Data – Potenzial für den Controller, Dream Car der Ideenwerkstatt im ICV 2014, https://www.icv-controlling.com/fileadmin/Assets/Content/AK/Ideenwerkstatt/Files/ICV_Ideenwerkstatt_DreamCar-Bericht_BigData.pdf (Abfrage: 20.02.2019).

Jensen, Ove (2013): Zentrale Bausteine der Vertriebssteuerung – Theorie und Praxis, in: Controlling & Management Review, 57. Jg., Heft 2, S. 12-21.

Keller-Lewandowsky (2013): Soft Skills – soziale und persönliche Kompetenzanforderungen an Controller, in: Klein, Andreas (Hrsg.): Soft Skills für Controller: Präsentieren, moderieren, koordinieren, München, S. 19-43.

Kieninger, Michael/Mehanna, Walid/Vocelka, Alexander (2016): Wie Big Data das Controlling verändert, in: Controlling – Zeitschrift für erfolgsorientierte Unternehmenssteuerung, 28. Jg., Heft 4-5, S. 241-247.

Kirchmann, Markus/Tobias, Stefan/Cengizeroglu, Ceylan (2016): Reporting 2025 – Die Zukunft des Reporting im Zuge der Digitalisierung, in: Horváth, Péter/Michel, Uwe (Hrsg.): Digital Controlling & Simple Finance – Die Zukunft der Unternehmenssteuerung, Stuttgart, S. 25-35.

Klein, Dominik/Tran-Gia, Phuoc/Hartmann, Matthias (2013): Big Data, in: Informatik-Spektrum, 36. Jg., Heft S1, S. 319-323.

Klier, Mathias/Heinrich, Bernd (2016a): Datenqualität von Big Data als Erfolgsfaktor im Customer Relationship Management, in: in: Horváth, Péter/Michel, Uwe (Hrsg.): Digital Controlling & Simple Finance – Die Zukunft der Unternehmenssteuerung, Stuttgart, S. 13-24.

Klier, Mathias/Heinrich, Bernd (2016b): Datenqualität von Big Data als Erfolgsfaktor im Business Analytics, in: Controlling – Zeitschrift für erfolgsorientierte Unternehmenssteuerung, 28. Jg., Heft 8-9, S. 488-494.

Klug, Matthias/Dastani, Parsis (2016): Customer Value Prediction am Beispiel des Intralogistik-Anbieters STILL, in: Gleich, Ronald/Hartje, Sabine/Lips, Thorsten/Schulze, Mike (Hrsg.): Moderne Vertriebssteuerung, Freiburg, S. 101-111.

KPMG (2014): Ein Meer an Daten – Ein Mehr an Wissen: Eine empirische Studie zum Einsatz von Big Data im Controlling, https://docplayer.org/952320-Ein-meer-an-daten-ein-mehr-an-wissen.html (Abfrage: 16.02.2019).

Krafft, Manfred (2005): Kundenbindung und Kundenwert: Mit 27 Tabellen, 2. Auflage, Heidelberg.

Krafft, Manfred/Frenzen, Heiko (2006): Vertriebscontrolling, in: Reinecke, Sven/Tomczak, Torsten (Hrsg.): Handbuch Marketingcontrolling – Effektivität und Effizienz einer marktorientierten Unternehmensführung, 2. Auflage, Wiesbaden, S. 611-639.

Krämer, Andreas/Tachilzik, Thomas (2016): Die Zukunft von Big Data im Vertrieb, in: Sales Management Review, 4. Jg., Heft 2, S. 78-85.

Krings, Ulrich/Kustner, Clemens (2016): Internes Reporting auf dem Prüfstand, in: Controlling & Management Review, 60. Jg., Heft 3, S. 35-40.

Krügerke, Christian (2009): Aktuelle Praxis des Vertriebscontrollings – Ergebnisse einer empirischen Studie, in: Controlling & Management, 53. Jg., Sonderheft 3, S. 23-29.

Kühnapfel, Jörg B. (2013): Aufgaben des Vertriebscontrollers, in: Controlling & Management Review, 57. Jg., Heft 2, S. 36-46.

Kühnapfel, Jörg B. (2017): Vertriebscontrolling – Methoden im praktischen Einsatz, 2. Auflage, Wiesbaden.

Lanquillon, Carsten/Mallow, Hauke (2015a): Advanced Analytics mit Big Data, in: Dorschel, Joachim (Hrsg.): Praxishandbuch Big Data: Wirtschaft – Recht – Technik, Wiesbaden, S. 55-89.

Lanquillon, Carsten/Mallow, Hauke (2015b): Big Data Lösungen, in: Dorschel, Joachim (Hrsg.): Praxishandbuch Big Data: Wirtschaft – Recht – Technik, Wiesbaden, S. 263-277.

Lapenat, Stefan/Kreyßig, Nele (2017): Manager 4.0 – Menschenkenner einer digitalen Welt, in: Controller Magazin, 42. Jg., Heft 6, S. 40-41.

Lechtenbörger, Jens/Vossen, Gottfried (2016): NoSQL, NewSQL, Map-Reduce und Hadoop, in: Gluchowski, Peter/Chamoni, Peter (Hrsg.): Analytische Informationssysteme – Business Intelligence-Technologien und –Anwendungen, 5. Auflage, Berlin/Heidelberg, S. 205-223.

Leußer, Wolfgang/Hippner, Hajo/Wilde, Klaus D. (2011): CRM – Grundlagen, Konzepte und Prozesse, in: Hippner, Hajo/Hubrich, Beate/Wilde, Klaus D. (Hrsg.): Grundlagen des CRM: Strategie, Geschäftsprozesse und IT-Unterstützung, 3. Auflage, S. 15-55.

Leußer, Wolfgang/Hippner, Hajo/Wilde, Klaus D. (2011): Kundeninformationen als Basis des CRM, in: Hippner, Hajo/Hubrich, Beate/Wilde, Klaus D. (Hrsg.): Grundlagen des CRM: Strategie, Geschäftsprozesse und IT-Unterstützung, 3. Auflage, S. 731-755.

Leyk, Jörg/Kirchmann, Markus/Stefan, Tobias (2017): Planung, Forecast und Reporting in der digitalen Welt, in: Kieninger, Michael (Hrsg.): Digitalisierung der Unternehmenssteuerung – Prozessautomatisierung, Business Analytics, Big Data, SAP S/4HANA, Anwendungsbeispiele, Stuttgart, S. 51-63.

Link, Jörg /Weiser, Christoph (2011): Marketing-Controlling: Systeme und Methoden für mehr Unternehmenserfolg, 3. Auflage, München.

Linnelücke, Andreas (2009): Vertriebscontrolling – Rationalitätssicherung im Vertriebsmanagement, in: Controlling & Management, 53. Jg., Sonderheft 2, S. 18-22.

Lips, Thorsten/Horváth, Péter (2016): Big Data im Vertriebscontrolling, in: Binckebanck, Lars/Elste, Rainer (Hrsg.): Digitalisierung im Vertrieb – Strategien zum Einsatz neuer Technologien in Vertriebsorganisationen, Wiesbaden, S. 507-517.

Lips, Thorsten/Mühlen, Moritz (2018): Wachstumsstrategien neu interpretiert, in: Sales Excellence, 27. Jg., Heft 10, S. 10-15.

Lissautzki, Marius (2005): Kundenwert-Controlling: Telekommunikationsdienstleister kundenorientiert steuern, in: Controlling & Management, 49. Jg., Sonderheft 2, S. 84-92.

Lohse, Christoph (2000): Controlling von Kundenbeziehungen – Zur Steuerung der vertrieblichen Leistungsqualität, in: Reichwald, Ralf/Bullinger, Hans-Jörg (Hrsg.): Vertriebsmanagement – Organisation, Technologieeinsatz, Personal, Stuttgart, S. 269-292.

Losbichler, Heimo/Falschlunger/Eisl, Christoph (2017): Messbare Resultate statt Dogmen in der Berichtgestaltung. Ergebnisse und Erfahrungen aus fünf Jahren Eye-Tracking-Forschung, in: Kieninger, Michael (Hrsg.): Digitalisierung der Unternehmenssteuerung – Prozessautomatisierung, Business Analytics, Big Data, SAP S/4HANA, Anwendungsbeispiele, Stuttgart, S. 65-89.

Losbichler, Heimo/Gänßlen, Siegfried (2018): Performance Measurement in Zeiten von Big Data – Auswirkungen auf Kennzahlen und deren Reporting, in: Controlling – Zeitschrift für erfolgsorientierte Unternehmenssteuerung, 30. Jg., Heft S, S. 30-37.

Losch, Nadine/Möller, Klaus (2014): Bewertung von dynamischen Kundenbeziehungen, in: Controlling – Zeitschrift für erfolgsorientierte Unternehmenssteuerung, 26. Jg., Heft 8-9, S. 499-507.

Luck, Lars (2016): Vertriebliche Implikationen und Anwendungsfelder von Big Data, in: Binckebanck, Lars/Elste, Rainer (Hrsg.): Digitalisierung im Vertrieb – Strategien zum Einsatz neuer Technologien in Vertriebsorganisationen, Wiesbaden, S. 567-576.

Matt, Christian (2012): In-Memory-Technologien für Unternehmensanwendungen, in: Controlling & Management, 56. Jg., Heft 4, S. 229-230.

McKinsey (2015): Marketing & Sales – Big Data, Analytics, and the Future of Marketing & Sales, https://www.mckinsey.com/~/media/McKinsey/Business%20Functions/Marketing%20and%20Sales/Our%20Insights/EBook%20Big%20data%20analytics%20and%20the%20future%20of%20marketing%20sales/Big-Data-eBook.ashx (Abfrage: 19.02.2019).

Mehanna, Walid/Rabe, Chris Marcus (2014): Big Data in der Konsumgüterindustrie: Kunden verstehen, Produkte entwickeln, Marketing steuern, in: Buttkus, Michael/Eberenz, Ralf (Hrsg.): Controlling in der Konsumgüterindustrie – Innovative Ansätze und Praxisbeispiele, Wiesbaden, S. 69-90.

Mehanna, Walid/Müller, Florian/Tunco, Can (2015): Predictive Forecasting und die Digitalisierung der Unternehmenssteuerung, in: IM+io Fachzeitschrift für Innovation, Organisation und Management, 30. Jg., Heft 4, S. 40-45.

Mehanna, Walid/Tatzel, Jan/Vogel, Philipp (2018): Business Analytics im Controlling – Fünf Anwendungsfelder, in: : Controlling – Zeitschrift für erfolgsorientierte Unternehmenssteuerung, 30. Jg., Heft S, S. 38-45.

Mengen, Andreas/Mettler, Alina (2008): Kundenwertermittlung – wie viel Vertrieb ist uns der Kunde wert?: Konzeption und Ermittlung eines ganzheitlichen Kundenwertes als Kennzahl zur Vertriebssteuerung für ein Unternehmen der Verpackungsindustrie, in: Controlling & Management, 52. Jg., Heft 1, S. 30-36.

Möbus, Matthias (2000): Vertriebscontrolling, in: Zerres, Christopher (Hrsg.): Handbuch Marketing-Controlling: Grundlagen – Methoden – Umsetzung, 1. Auflage, Berlin, S. 301-308.

Mödritscher, Gernot/Wall, Friederike (2017): Controlling als interner Dienstleister 4.0, in: Bruhn, Manfred/Hadwich, Karsten (Hrsg.): Dienstleistungen 4.0: Geschäftsmodelle – Wertschöpfung – Transformation, Wiesbaden, S. 111-133.

Möhring, Michael/Schmidt, Rainer/Härting, Ralf-Christian (2013): Steigerung der Komplexitätsbehrrschung im Controlling durch Big Data, in: Gleich, Ronald (Hrsg.): Komplexitätscontrolling – Komplexität verstehen, reduzieren und beherrschen, München, S. 189-200.

Möhring, Michael/Schmidt, Rainer/Härting, Ralf-Christian/Heitmann, Jan (2014): Neue Potenziale im Controlling durch die Verarbeitung von unstrukturierten Daten in Marketing und Vertrieb, in: Klein, Andreas (Hrsg.): Marketingcontrolling im Online-Zeitalter, Freiburg, S. 229-245.

Möller, Klaus/Pieper, Svenja (2015): Predictive Analytics im Controlling – Chancen für bessere Entscheidungen erkennen und nutzen, in: IM+io Fachzeitschrift für Innovation, Organisation und Management, 30. Jg., Heft 4, S. 40-45.

Möller, Klaus/Federmann, Frank/Pieper, Svenja/Knezevic, Michael (2016): Predictive Analytics zur kurzfristigen Umsatzprognose – Entwicklung eines Prognosemodells auf Basis von Auftragseingängen bei der Infineon Technologies AG, in: Controlling – Zeitschrift für erfolgsorientierte Unternehmenssteuerung, 28. Jg., Heft 8-9, S. 509-518.

Müller, Stefan/Mergener, Leif (2010): Business Intelligence im Vertrieb auf Basis von Open-Source-Lösungen, in: Klein, Andreas (Hrsg.): Moderne Controlling-Instrumente für Marketing und Vertrieb, München, S. 251-269.

Müller, Stefan (2016): Erweiterung des Data Warehouse um Hadoop, NoSQL & Co, in: Fasel, Daniel/Meier, Andreas (Hrsg.): Big Data – Grundlagen, Systeme und Nutzungspotenziale, Wiesbaden, S. 139-159.

Müller, Sebastian (2018): Big Data Analysen – Für den schnellen Einstieg, Berlin.

Müller-Seitz, Gordon/Beham, Florian/Thielen, Tobias (2016): Die digitale Transformation der Wertschöpfung, in: Controlling & Management Review, 60. Jg., Heft 6, S. 24-31.

Nann, Dennic C./Eichenberg, Philipp (2018): Forecasting mittels Predictive Analytics, in: rechnungswesen & controlling, S. 5-9.

Nieschlag, Robert/Hörschgen, Hans/Dichtl, Erwin (2002): Marketing, 19. Auflage, Berlin.

Nobach, Kai (2019): Bedeutung der Digitalisierung für das Controlling und den Controller, in: Ulrich, Patrick/Baltzer, Björn (Hrsg.): Wertschöpfung in der Betriebswirtschaftslehre – Festschrift für Prof. Dr. habil. Wolfgang Becker zum 65. Geburtstag, Wiesbaden, S. 247-269.

Oehler, Karsten/Sander, Stefan (2010): Analytisches Kundenbeziehungsmanagement – Wissen über den Kunden gewinnen und nutzen, in: Kein, Andreas (Hrsg.): Moderne Controlling-Instrumente für Marketing und Vertrieb, München, S. 231-250.

Oehler, Karsten/Schmidt, Walter/Seufert, Andreas (2016): Bedeutung von Big Data für Controller – Chancen der Digitalisierung bei der Umsetzung moderner Wertorientierung, in: Controller Magazin, 41. Jg., Heft 3, S. 62-69.

Palloks-Kahlen, Monika (2006): Kennzahlengestütztes Controlling im kunden-wertorientierten Vertriebsmanagement, in: Reinecke, Sven/Tomczak, Torsten (Hrsg.): Handbuch Marketingcontrolling – Effektivität und Effizienz einer marktorientierten Unternehmensführung, 2. Auflage, Wiesbaden, S. 283-308.

Poschmann, Philipp/Goldenstein, Jan (2018): Unsicherheitsabsorption mit Big Data, in: Controlling & Management Review, 62. Jg., Heft 6, S. 54-57.

Pufahl, Mario (2003): Implementierungsaspekte eines Vertriebscontrollings, in: Controlling & Management, 47. Jg., Heft 5, S. 339-343.

Pufahl, Mario (2014): Vertriebscontrolling – So steuern Sie Absatz, Umsatz und Gewinn, 5. Auflage, Wiesbaden.

Pufahl, Mario (2015): Sales Performance Management: Exzellenz im Vertrieb mit ganzheitlichen Steuerungskonzepten, Wiesbaden.

PwC (2011): Erfolgsfaktor Vertriebscontrolling, https://www.pwc.de/de/ener-giewirtschaft/assets/vertriebscontrolling_studie_pwc.pdf (Abfrage: 16.02.2019).

Quinn, Martin (2014): The Elusive Business Partner Controller, in: Controlling & Management Review, 58. Jg., Heft 2, S. 22-27.

Rachfall, Thomas/Rachfall, Konstatin (2017): Der Einfluss von Kennzahlen auf die Kreativität – Zusammenhänge und Auswirkungen im Entscheidungs-prozess, in: Controller Magazin, 42. Jg., Heft 1, S. 10-15.

Ramme, Iris (2002): Kundenzufriedenheit und Kundenbindung, in: Pepels, Werner (Hrsg.): Handbuch Vertrieb, München, S. 437-452.

Reichmann, Thomas/Kißler, Martin/Baumöl, Ulrike (2017): Controlling mit Kennzahlen: Die systemgestützte Controlling-Konzeption, 9. Auflage, Mün-chen.

Reinecke, Sven/Janz, Simone (2007): Marketingcontrolling – Sicherstellen von Marketingeffektivität und –effizienz, Stuttgart.

Rudolph, Thomas/Linzmajer, Marc (2014): Big Data im Handel, in: Marketing Review St. Gallen, 31. Jg., Heft 1, S. 12-24.

Ruf, Robert/Schwab, Wolfgang (2016): Visual Analytics – Vorausschauende Analyse statt klassischem Reporting, in: Controlling – Zeitschrift für er-folgsorientierte Unternehmenssteuerung, 28. Jg., Heft 8-9, S. 495-501.

Russom, Peter (2011): Big Data Analytics, https://vivomente.com/wp-content/uploads/2016/04/big-data-analytics-white-paper.pdf (Abfrage: 20.02.2019).

Satzger, Gerhard/Holtmann, Carsten/Peter, Susanne (2015): Advanced Analytics im Controlling – Potenzial und Anwendung für Umsatz- und Kostenprognosen, in: Controlling – Zeitschrift für erfolgsorientierte Unternehmenssteuerung, 27. Jg., Heft 4-5, S. 229-235.

Schäffer, Utz (2017): Der Controller ist tot, es lebe das Controlling, in: Controller Magazin, 42. Jg., Heft 3, S. 52-53.

Schäffer, Utz/Weber, Jürgen (2018): Die Controlling Community muss sich öffnen!, in: Controlling & Management Review, 62. Jg., Heft 6, S. 8-11.

Schmäh, Marco/Bettenmann, Denis/Höhn, Maria/Saldi, Abdulwahlid, Saldi (2018): Wertbasierter Vertrieb als Chance der Digitalisierung, in: Sales Excellence, 27. Jg., Heft 4, S. 42-45.

Schmidt, Walter/Blachfellner, Manfred/Oehler, Karsten (2016): Moderne Wertorientierung – vom „Wertobjekt" zur „Teilhabe an der Wertschöpfung", in: Controller Magazin, 41. Jg., Heft 1, S. 81-87.

Schmitt, Matthias (2014): Forecasting im Vertriebscontrolling, in: Klein, Andreas (Hrsg.): Marktingcontrolling im Online-Zeitalter, Freiburg, S. 123-141.

Schögel, Marcus/Arndt, Oliver (2008): Change Management – Strategischer Erfolgsfaktor bei der Umsetzung kundenorientierter Strategien, in: Stadelmann, Martin/Wolter, Sven/Troesch, Mireille (Hrsg.): Customer Relationship Management – Neue CRM-Best-Practice-Fallstudien und –Konzepte zu Prozessen, Organisation, Mitarbeiterführung und Technologie, Zürich, S. 187-200.

Schöler, Andreas (2011): Rückgewinnungsmanagement, in: Hippner, Hajo/Hubrich, Beate/Wilde, Klaus D. (Hrsg.): Grundlagen des CRM – Strategie, Geschäftsprozesse und IT-Unterstützung, 3. Auflage, Wiesbaden, S. 500-525.

Schön, Dietmar (2016): Planung und Reporting – Grundlagen, Business Intelligence, Mobile BI und Bi-Data-Analytics, 2. Auflage, Wiesbaden.

Schulte, Alexandra/Bülchmann, Oliver (2016): Wie Big Data die Rolle des Controllers verändert, in: Controlling & Management Review, 60. Jg., Sonderheft 1, S. 54-61.

Schulte-Oversohl, Heiko (2014): Vertriebssteuerung , in: Buttkus, Michael/Eberenz, Ralf (Hrsg.): Controlling in der Konsumgüterindustrie – Innovative Ansätze und Praxisbeispiele, Wiesbaden, S. 225-243.

Schulze, Mike/Nasca, Deborah/Eymers, Nadin (2018): Digitalisierung in Unternehmen erfolgreich steuern – Bestehende Kennzahlensets zielgerichtet weiterentwickeln, in: Controller Magazin, 43. Jg., Heft 5, S. 72-75.

Schwarzl, Peter (2015): Zukunftsperspektive Big Data – Warum sich das Controlling mit Business Analytics auseinandersetzen muss, in: CFO aktuell – Zeitschrift für Finance & Controlling, 9. Jg., Heft 5, S. 206-210.

Sebastian, Karl-Heinz/Maessen, Andrea/Strasmann, Bert Sebastian (2009): Preiscontrolling als Element des Vertriebscontrollings, in: Controlling & Management, 53. Jg., Sonderheft 2, S. 60-64.

Seefried, Johannes/Wimsperger, Jens Schulte/Möller, Klaus (2015): Business Partnering durch individuelles Kompetenzmanagement – Ausgestaltung der Rolle des Performance Managements am Beispiel von Hilti, in: Controlling – Zeitschrift für erfolgsorientierte Unternehmenssteuerung, 27. Jg., Heft 12, S. 558-564.

Seiter, Mischa (2017): Business Analytics: Effektive Nutzung fortschrittlicher Algorithmen in der Unternehmenssteuerung, München.

Seufert, Andreas (2014): Das Controlling als Business Partner: Business Intelligence & Big Data als zentrales Aufgabenfeld, in: Gleich, Ronald/Grönke, Kai/Kirchmann, Markus/Leyk, Jörg (Hrsg.): Controlling und Big Data – Anforderungen, Auswirkungen, Lösungen, München, S. 23-45.

Seufert, Andreas/Oehler, Karsten (2016): Controlling und Big Data: Anforderungen an die Methodenkompetenz, in: Controlling & Management Review, 60. Jg., Heft 1, S. 74-81.

Sinzig, Werner/Sharma, Kailash R. (2011): In-Memory-Technologie: Verbesserungen bei Planung, Simulation und Entscheidungsunterstützung, in: Wirtschaftsinformatik & Management, 3. Jg., Heft 2, S. 18-23.

Spieler, Stefan/Classen, Sebastian (2018): Transformation im Denken und Handeln, in: Controlling & Management Review, 62. Jg., Heft 3, S. 52-57.

Stauss, Bernd/Seidel, Wolfgang (2002): Beschwerdemanagement – Kundenbeziehungen erfolgreich managen durch Customer Care, München.

Stauss, (2011): Der Kundenbeziehungs-Lebenszyklus, in: Hippner, Hajo/Hubrich, Beate/Wilde, Klaus D. (Hrsg.): Grundlagen des CRM – Strategie, Geschäftsprozesse und IT-Unterstützung, 3. Auflage, Wiesbaden, S. 320-341.

Steiner, Heinz/Welker, Peter (2016): Wird der Controller zum Data Scientist?, in: Controlling & Management Review, 60. Jg., Heft 1, S. 68-73.

Steinhübel, Volker (2014): Kompetenz als Erfolgsgarant, in: Controlling & Management Review, 58. Jg., Heft 2, S. 42-50.

Stockinger, Kurt/Stadelmann, Thilo/Ruckstuhl, Andreas (2016): Data Scientist als Beruf, in: Fasel, Daniel/Meier, Andreas (Hrsg.): Big Data – Grundlagen, Systeme und Nutzungspotenziale, Wiesbaden, S. 59-81.

Tiefenbacher, Katja/Olbrich, Sebastian (2018): Wie Big Data die Kundenbeziehungen beeinflusst – mit zusätzlichen Informationen vom Segmentierungs- zum Erlebnismanagement, in: Keuper, Frank/Schomann, Marc/Sikora, Linda Isabell (Hrsg.): Homo Connectus – Einblicke in die Post-Solo-Ära des Kunden, Wiesbaden, S. 121-140.

Vollmuth, Hilmar (2002): Vertriebscontrolling, München.

Weber, Jürgen/Linnelücke, Andreas/Krügerke, Christian (2009): Herausforderungen im Vertriebsmanagement. Was Controller leisten können, Weinheim.

Weichel, Petra/Herrmann, Jochen (2016): Wie Controller von Big Data profitieren können, in: Controlling & Management Review, 60. Jg., Sonderheft 1, S. 7-15.

Weiss, Uwe (2012): Big Data statt Bauchgefühl, in: Sales Excellence, 21. Jg., Heft 11, S. 30-31.

White, Tom (2009): Hadoop – The Definitive Guide, 1. Auflage, Peking.

Wiegmann, Leona/Tretbar, Torben/Strauß, Erik (2014): Business Partner 2.0 – Wie IT-Trends die Rolle des Controllers verändern, in: Controlling – Zeitschrift für erfolgsorientierte Unternehmenssteuerung, 26. Jg., Heft 3, S. 197-201.

Willmes, Christian/Hess, Thomas/Gschmack, Sigrid (2015): Die Bedeutung von Big Data im Controlling – Eine empirische Studie, in: Controlling – Zeitschrift für erfolgsorientierte Unternehmenssteuerung, 27. Jg., Heft 4-5, S. 256-262.

Winkelmann, Peter (2012): Vertriebskonzeption und Vertriebssteuerung: Die Instrumente des integrierten Kundenmanagements – CRM, 5. Auflage, München.

Winkelmann, Peter (2013): Marketing und Vertrieb – Fundamente für die marktorientierte Unternehmensführung, 8. Auflage, München.